小学语文

学习任务群解析与课例

华芳 —— 主编

学习任务群一：
语言文字积累与梳理

学习任务群二：
实用性阅读与交流

学习任务群三：
文学阅读与创意表达

学习任务群四：
思辨性阅读与表达

学习任务群五：
整本书阅读

学习任务群六：
跨学科学习

华东师范大学出版社
·上海·

图书在版编目(CIP)数据

小学语文学习任务群解析与课例/华芳主编. —上海:华
东师范大学出版社,2023
ISBN 978-7-5760-4542-0

Ⅰ.①小…　Ⅱ.①华…　Ⅲ.①小学语文课-教学研究
Ⅳ.①G623.202

中国国家版本馆 CIP 数据核字(2023)第 247320 号

小学语文学习任务群解析与课例

主　　编　华　芳
责任编辑　范耀华
特约审读　郑　月
责任校对　王丽平
装帧设计　俞　越

出版发行　华东师范大学出版社
社　　址　上海市中山北路 3663 号　邮编 200062
网　　址　www.ecnupress.com.cn
电　　话　021-60821666　行政传真 021-62572105
客服电话　021-62865537　门市(邮购)电话 021-62869887
地　　址　上海市中山北路 3663 号华东师范大学校内先锋路口
网　　店　http://hdsdcbs.tmall.com

印 刷 者　南通印刷总厂有限公司
开　　本　787 毫米×1092 毫米　1/16
印　　张　12.75
字　　数　220 千字
版　　次　2023 年 12 月第 1 版
印　　次　2023 年 12 月第 1 次
书　　号　ISBN 978-7-5760-4542-0
定　　价　45.00 元

出版人　王　焰

序

郑桂华

　　用学习任务群规划课程内容是《义务教育语文课程标准(2022 年版)》做出的重要修订,而基于学习任务群的教学也成为新课标颁布以来教学探索的热点之一,不少教师将热情和精力投入其中,在不长的时间里便取得了可观的成绩,《小学语文学习任务群解析与课例》和《初中语文学习任务群解析与课例》这两本书展示的,便是上海两位教研员华芳、周静老师和她们团队在这方面的探索成果,她们在准确落实新课标精神、灵活设计学习任务方面所做的努力,值得同行们借鉴。

一、把握语文课程改革的大势

　　准确把握新课标的核心理念是落实新课标精神、顺利开展教学的前提。与2011 年版课程标准相比,新课标有许多较大修订,其中推出的新概念,如核心素养、学习任务群、语文实践活动、学业质量标准,让许多教师颇感陌生。另外,新课标对课程内容的描述和呈现方式也做了较大调整,这些修订在一定程度上都增加了理解和实施的难度。不过,如果抓住了新课标修订的核心理念,以此为线索找到课标中新概念、新内容之间的有机联系,就会发现理解起来并没有那么复杂。

　　关于新课标的核心理念,一言以蔽之,就是提高语文课程的综合性和实践性,以矫正以往语文学习的碎片化、抽象化以及自主性不够的偏差,培养适应信息社会需要、利于终身发展的语文素养。其中,核心素养主要从培养目标的角度提高综合性;学习任务群主要从课程内容的角度强调综合性与实践性,语文实践活动主要从学习过程的角度强调综合性与实践性,学业质量则是从评价标准的角度来保证课程实施的综合性与实践性的。在上述四项要素中,学习任务群应该居于枢纽地位。首先,学习任务群是核心素养的载体,如果没有一个个学习任务来组织学习内容、承载学习目标,核心素养便无所附丽,语文教学很可能成为空泛的知识讲授。其次,一个个学习任务又是开展语文实践活动的凭借和抓手,如果语文学习不在具体的情境中进行,不以满足真实的阅读需要和交流表达需要为目的,既脱离真实丰富的社会语言生活，也容易变成单纯的学科认知活动。第三，在完成满足自身生活需要的学习任务中，学生的身份也会容易由被动接受者变为自主探究者，促成学习方式的转变。《小学语文学习任务群解析与课例》和《初中语文学习任务群解析与课例》这两本书，便是从学习任务群入手，设计情境真实、生动有趣、连贯性强的学习任务，如小学本中的举办在"'字'从遇见你"字谜大会中，请你猜字谜、编字谜，感受汉字的文化内涵；为灭绝动物制作"动物纪念碑"，围绕环境问题编写新神话故事。初中本提供的编撰一本成语学习手册，为学校举办的中华文化周系列活动展览制作展板，用诗歌为班级新年公众号撰写推文，给生活中遇到困惑的同学写回信，都能让学生置身语文实践情境中，带着实际目的去阅读、梳理、探究，完成表达与交流等学习活动。学习任务设计符合课程标准要求，学习的综合性、实践性、自主性便在其中了，因此，这便抓住了新课程实施的牛鼻子。

二、选择适合的研究路径

活跃在教学研究第一线的教研员和教师，在应付繁重的日常工作之余，抽出一定的时间和精力做一些语文教育教学研究工作，对提高教研工作效率、突破专业发展瓶颈，乃至破除职业倦怠，都是积极有效的。但是，如果路径选择不合理，效果就可能打折扣。在现实生活中，路径问题涉及起步的出发点，也就是研究对象或话题；要达到的目的地，也就是要解决什么问题；以及引导人们从出发点正确到达目的地的路标，也就是基本依据。

一些教研员或语文教师的研究，容易走入两个误区，一是目标过于宏大，希望借某个新概念、新口号而一举解决语文教育中存在的复杂问题，但难免脱离学情和教情，最后常陷入虚妄之境。还有一种是视野过于狭小，只盯着手里有限的材料，只相信以往自己的经验，不注意吸收新理念和别人已有的成果，因而往往解释不了语文教育中出现的新问题，对别人也少有参考价值。《小学语文学习任务群解析与课例》和《初中语文学习任务群解析与课例》这两本书，就较好地避开了这两个误区。她们的研究路径，可以简单概括为三点。一是以目前语文教师正在使用的统编语文教材为对象，以教材中现成的单元学习为依托，这个出发点既具体、实在，又是自己所擅长的领域，很容易把握。二是以课程标准对学习任务群的内容规划和学习要求为依据，而不是随意发挥，这样做既能对日常教学有参考价值，还能帮助读者把握学习任务群乃至新课标精神。三是以解决一线教学中迫切希望解决的问题：设计系统的能用而好用的单元教学方案。在上述三个方面，两本书稿都有不少值得借鉴的地方。

三、以能用好用为取向

为了配合实用取向,这套书在整体架构和具体的学习任务设计等方面,也颇费心思。从大的框架看,全书主体框架按课程标准规定的语言文字积累与梳理、实用性阅读与交流、文学阅读与创意表达等六个任务群设为六章,每一章内包括六大部分,分别阐释学习任务群的内涵,梳理该任务群的课程内容,提出该任务群的教学实施建议,提供单元教学案例等。这六个部分既有各自的独立性,又形成递进关系,从理论阐释到教学实施方案,一步步引导大家完成基于学习任务群的教学。

读下来,这两本书的最大亮点是每个任务群后面的"单元教学案例",整体质量高,实用性强,可以作为目前基于学习任务群的单元教学设计的代表。衡量学习任务设计是否体现课程标准精神,即是否利于突显语文学习活动的综合性、实践性、自主性,其主要指标包括以下几点:(1)能反映日常语言生活状态,即学习场景接近真实情境、学习者以真实的身份参加、学习目的接近满足日常生活中的听说读写需要。(2)以学习主题引领学习融合。新课标对学习主题的意义,即借助学习主题,可以将不同层级的学习目标、各种学习资源、学习活动整合为一体,有效避免出现学习任务群内容驳杂、头绪纷乱的问题。(3)要有学习过程的规划。这个过程既要体现情境设置、问题提出、问题解决、学习总结等不同环节,又要有接受知识、初步探究、克服障碍、深入与拓展等认知层级演进,还应该有自主探究、学习支架、教师帮助、社会资源运用等学习方式变化空间,才便于操作,并保证教学效果。(4)前后学习之间存在关联。按照核心素养培养理念,语文学习活动不应该各自孤立、零散进行,而应该有前后依存、左右关联,互相支撑、互相促进,共同指向核心培养目标。(5)富有一定的趣味性和吸引力。这一点虽然不属于学习任务的本质特征,但对学习动力却有不小影响,尤其是低年龄段的学生。

用以上几条标准来衡量,这两本书稿中的学习任务,都可称优良。比如在教学过程设计上,每一个学习任务都有明确的任务目标、任务要点、操作流程、任务用表、学生样例,给教师提供了清晰的实施路标。在实施路标中,又以"操作流程"设计最为突出,步骤清晰,要求具体,学习支架的针对性强,许多设计可以直接拿来组织教学。再如不同学习任务、不同学习环节之间的关联性,也体现了设计者的自觉追求。以小学阶段"思辨阅读与表达"任务群的一组学习任务为例,该学习任务群用"像聪明人一样思考"作为学习主题,以此为线索先完成《自相矛盾》《田忌赛马》《草船借箭》和《跳水》四篇课文的阅读理解,再要求运用比较、质疑、分析、推理等梳理孙膑、诸葛亮、船长等"聪明人"表现,然后分析他们解决问题的思维过程和思维方式,培养在具体情境中思考问题、解决问题的意识和能力。在此基础上,选择身边的某些"聪明人"进行采访,将生活中的人物表现、思维方式与文章中的人物作比较,最后完成"聪明人"研究报告。可以说,该学习任务集真实性、综合性、过程性、挑战性、关联性以及趣味性于一体,既有实用性,又有创造性,参考价值很高。

　　不过,学习任务群毕竟是一个新概念,其教学设计和实施都牵扯许多层面的问题,一个人的理解、一本书的容量、一段时期的探索,很难在方方面面都顾及周全,这两本书有不周详之处也在所难免。其中有两个问题可以讨论,一个是学习任务的真实性问题,学习任务是否真实,应主要看它是否接近生活中的典型样子,比如根据说明书解释物品原理,从几篇文本得到启发去思考一个问题,议论一部电影好不好看,这些都是真实的,不一定以组织一次社会考察、出一期报纸、设计一种游戏为最终指向,这类活动接近于项目化学习意义的任务,可以偶尔为之。另一个是学习任务的选择性问题,学习任务群的特点之一是可以从多个角度考察学习材料,提出不同的问题,完成不一样的学习进程,分享不一样的发现与收获。在这一方面,这两个团队也还有探索空间。当然,时至今日,人们对学习任务群内涵的理解并不完全统一,学习任务群的教学实施自然更不可能有固定的样板,因此,华芳和周静两位老师带着她们团队的探索,还有我的上述看法,都属于引玉之砖,希望更多的人积极加入到新课程标准和新语文教材的试验中来,一起推动语文课程改革的步伐。

目 录

学｜习｜任｜务｜群｜一

语言文字积累与梳理

一、内涵阐释

"语言文字积累与梳理"任务群旨在引导学生在语文实践活动中积累语言材料和语言经验，形成良好的语感；通过观察、分析、整理，发现汉字的构字组词特点，掌握语言文字运用规范，感受汉字的文化内涵，奠定语文基础。

这一学习任务群属于基础型学习任务群，它在整个语文课程中有着重要的地位，为其他五个学习任务群的实施提供了基础和必备的条件。本任务群的学习，有助于学生其他学习能力的提升。

（一）厘清"积累"与"梳理"的内涵

本任务群的两个关键词就是"积累"和"梳理"，两者是相辅相成的。积累和梳理是一个有机的整体。在积累中梳理，在梳理中积累，可以让学生脑海中的知识形成一个完整的体系。以积累为起点，最终落到梳理，实现语言的建构与运用。

所谓"积累"就是为了将来发展的需要，逐渐聚集起有用的知识，使之慢慢增长、完善。早在战国时期，孟子和荀子就曾用流水比喻积累的重要性。孟子说："流水之为物也，不盈科不行。"荀子说："不积小流，无以成江海。"古代学者的话都说明"积累"如同储存珍宝。在小学阶段的语文学习中，积累可以包括认识、书写、认读、记录、诵读、交流等。学生可以积累涉及各方面的常用字，积累课内外学到的成语、谚语、格言警句、儿歌、古诗词等代表中华优秀传统文化的语言材料。

"梳理"指的是对所掌握的知识进行整理和分析并归类。当学生对语言文字的积累达到一定程度之后必然会经历梳理的过程。梳理是学生"积少成多"的过程中言语发展的必然要求，它可以帮助学生在已积累的语言材料间建立联系，使其结构化，并从中发现语言文字运用的规律，从而更好地实现积累与运用。梳理可以包括整理、分类、分析、策划、展示等。学生可以梳理汉字结构的主要特点，梳理所积累的语言材料，并尝试加以实践运用。

(二) 凸显语言运用的地位和作用

《义务教育语文课程标准(2022年版)》沿用了2011年版课程标准对语文课程性质的界定。语文课程是一门学习国家通用语言文字运用的综合性、实践性的课程，这一界定充分体现了语言运用在语文课程中的基础和核心地位。《义务教育语文课程标准(2022年版)》在课程目标部分明确了义务教育语文课程培养的核心素养是文化自信、语言运用、思维能力、审美创造的综合体现。其中，语言运用又是语文学科主要培养的核心素养，就这四个方面的内在关系而言，语言运用是其他三方面的前提和基础。语文课程中离开了对语言文字的揣摩和体悟，文化自信、审美创造和思维能力就变为空谈。语言运用的基础就在于学生掌握积累与梳理语言文字的能力。语言文字积累和梳理是学习文学常识、逻辑知识、综合运用等一切的基础。注重语言文字积累是我国语文教育的传统经验，它遵循了学生发展规律和语文教学的规律。

(三) 有利于理解和传承中华优秀传统文化

语言文字是文化的重要载体。汉字记录着中华民族的文明史，也是中华文化的"活化石"。学汉字就是学中国汉字智慧，学中国汉字智慧就是学汉字思维，懂得汉字思维就懂得了真正的中国文化。汉字是表意文字，是中华文化的"根"。汉字与传统文化之间有着无法割舍的关系，每个汉字都有其文化内涵。通过"语言文字积累与梳理"学习任务群，学生能积累认识汉字的方法，了解古人构字的方式，从中找寻规律，并运用这种方法在生活中自主识字。我们借助积累梳理教材中代表中华优秀传统文化的语言材料，让学生感受汉字在中华文化中的独特地位和作用，认识到识字写字与继承中华民族优秀文化的关系，培养学生喜欢汉字的情感和态度，增强学生对祖国语言文字的热爱和对中华民族文化的理解。同时，教材中的课文有着丰富的精妙语言、生动事例、文人之情和为人之道，这些经典内容凝聚了民族文化的智慧，承载着中华文化的丰厚博大，学习它们能够受到美的熏陶，训练和培养学生理解、欣赏和运用祖国语言文字的能力。通过引经据典，渗透传统故事的方式进行学习，能提高学生的识字兴趣，激发其对中华文化的热爱。本任务群也能帮助学生传承和理解中华优秀传统文化，品味古人的人生哲理，丰富和涵养学生的精神世界，提升人文素养。

二、课程内容选择

(一) 根据课标，确定内容

《义务教育语文课程标准(2022年版)》根据不同年龄学生的特点，制定了不同的学习内容。

第一学段(1—2年级)以学生的生活经验和生活范围两个角度确定识字与写字的内容。在生活经验方面,要求学生认识有关人的身体与行为、天地四方、自然万物等方面的常用字;在生活范围方面,要求学生认识家庭生活、学校生活、社会生活中的常用字。在写字方面,要求学生学习书写笔画简单的字,初步体会汉字结构的主要特点。尝试发现汉字的一些规律,初步学习分类整理课内外认识的字,在生活中主动识字,发展独立识字能力。在诵读方面,记录课内外学到的成语、谚语、格言、警句、儿歌、短小的古诗,感受中华传统文化,养成自主积累的习惯。

从第二学段(3—4年级)开始,对于识字与写字的教学内容和要求逐步提高,要求学生能够在真实的语言运用情境中独立识字与写字,初步梳理常用汉字音、形、义之间的联系。其次,关注校内外汉字和标点符号的正确使用,会整理自己的发现并和同学交流,互相正字正音。在诵读方面,积累经典成语典故、中华文化名言、短小的古诗词和新鲜词语、精彩句段等,丰富自己的词汇,分类整理、交流。此外,初步认识中华优秀传统文化蕴含的思想,在语言积累和运用过程中,体会同义词、反义词等词语的作用,发现、感受语言的表现力和创造力。

第三学段(5—6年级)要求学生能主动运用多种方式独立识字,按照汉字字形结构等规律梳理学过的汉字。丰富自己的词语积累,注重词语的感情色彩。在诵读方面,积累优秀诗文,分主题梳理自己积累的成语典故、格言警句、对联等语言材料,尝试运用到日常的读写活动中,增强表达效果。

基于以上认识,"语言文字积累与梳理"学习任务群可以根据儿童的真实生活,设计形式多样的主题学习活动,引导学生在语言运用情境中进行积累。在小学低年级阶段,教师应创设语言运用情境,让学生从生活中认识生字、日积月累,从而激发学生学习与生活紧密相关汉字的兴趣,唤醒学生自主学习积累的主体意识。如观察课程表、书本封面、商品包装袋等常见事物上的汉字,通过已认识的字猜测其所代表的含义,达到拓展识字量,并且在情境中运用的目的。如"记录形声字宝藏本",引导学生以汉字的声旁、偏旁为分类依据,观察和比较相关的形声字构字的特点,将已积累的相关汉字按照一定的规律归类整理。中高年级可以根据表达需要,丰富与某一主题相关的词语、名言警句、诗词经典、名家名篇的积累,在语言运用中进一步丰富语言、文化、思维和审美的积累。教师还可以引导学生尝试运用多种归类方法,根据汉字字形特点、读音特点分门别类地进行积累梳理,给已积累的字分门别类地建一个"家",让词语在语言运用的情境中鲜活可感。例如,三年级举办"多音字藏品展",梳理多音字在不同语境中的发音规律,以及多音字不同读音的字义等;四年级进行"时光诗歌会"活动;五年级进行"诗词飞花令"活动,梳理学过的古诗词中与"四季之花"相关的内容,感受诗词中蕴含的中华优秀传统文化的魅力。在梳理过程中,不同的归类方式也会带来多角度的思维训练、审美体验和文化认知。

(二) 链接生活,学以致用

丹麦的语言学家斯佩森曾经说过"学习语言需要背诵,常常背诵才能够使所学的词语、句子在记忆里生根"。语文教材中有着大量的名家名篇,学生可以利用记忆的黄金时期多读、多背,积累大量的妙词佳句甚至精美篇章。当然,学生的积累并不止步于课堂,生活与阅读中也可以进行大量的积累。在识字方面,教师可通过课堂教学让学生掌握识字的好方法,激发学生在生活中自主识字的兴趣。在一定语言文字积累的基础上,在具体的情境创设中,引导学生积极地将课内所学的方法运用到课外实践中,通过观察路牌、制作识字小报、亲子阅读等活动,在生活中自主识字,积累熟悉的常用字。语言文字的积累与梳理的最终目的是能自主阅读。大量的课外阅读是培养学生自主阅读能力的主阵地,学生可运用课内掌握的识字方法来积累更多的语言文字。学生根据不同的文体、不同的书目以及自我需要来进行阅读,扩大阅读量,丰富语言文字积累。

(三) 诵读经典,感受文化

关于语言文字积累的学习内容,我们借鉴传统的教学经验,主要强调诵读。古人云:"熟读精思、虚心涵泳、切己体察。"科学研究结果表明,诵读经典是行之有效的语文学习方法之一。小学生正处于记忆的黄金阶段,诵读经典,积累一定量的文本词汇对于他们的语言能力发展,尤其是其读写能力发展具有重要意义。学生在这一阶段记住的东西,既可以为后续的语言运用打下牢固的基础,还有利于他们的精神成长,帮助他们树立正确的价值观,热爱祖国的传统文化。

在《义务教育语文课程标准(2022年版)》中对各个年段的学生都提出了明确要求,教材中也有匹配相关能力培养的教学内容。如要求学生通过"诵读、记录课内外学到的成语、谚语、格言警句、儿歌、短小的古诗等,感受中华优秀传统文化,养成自主积累的习惯",教材中便安排了《梅花》《小儿垂钓》《江雪》等中华传统经典诗词的篇目。又如提出要让学生"学会诵读,积累成语典故、中华文化名言、短小的古诗词和新鲜词句、精彩句段等,丰富自己的语汇,分类整理交流,初步认识中华优秀传统文化蕴含的思想"。教材中就要求学生积累与古人读书求学的故事有关的成语"囊萤夜读""悬梁刺股""凿壁偷光""铁杵成针""程门立雪""手不释卷"等。再如要求"诵读优秀古诗文，分主题梳理自己积累的成语典故、格言警句、对联等语言材料，并尝试运用到日常读写活动中，增强表达效果"。教材中就安排了文言文，以此来激发学生对文言文的兴趣，拓宽学生视野，感受中华传统文化的熏陶。

三、教学实施建议

（一）传承教学经验，充分体现汉字特点

《义务教育语文课程标准（2022 年版）》要求学生在小学阶段认识常用汉字3 000 个左右，其中 2 500 个左右要求会写。长久以来，教师在教学实践中已经形成了优秀的教学经验，能让学生根据课文特点运用不同的识字小技巧，选择合适的识字方法。我们应当继承二期课改实施过程中积累下来的识字教学经验，采用"合理分布，分步落实，针对特点，各有侧重，识法多样，科学记忆"的教学策略，有的放矢地组织课堂教学，把字词教学和阅读有机整合，不脱离语境去孤立地识字，把字词句教学与课文的理解相融合，不割裂对课文的整体阅读。

（二）积累梳理方法，有效扩大识字量

语言文字的学习是一个循序渐进、逐步积累的过程。通过梳理识字的方法，可以有效帮助学生拓展识字量。如在课堂中了解形声字构字特点，让学生在脑海中形成一个完整的知识体系，既能够按照汉字字形结构等规律梳理学过的汉字，还能学会利用形声字规律，认识、积累更多新的汉字，培养识字思维和习惯。在阅读中，如果遇到不认识的形声字，可以借助声旁表音、形旁表义的特点，猜出该字的音和义，帮助理解文本意思。

语言文字积累与梳理的最终目的是为阅读服务，为了让学生尽早进入独立阅读状态，就需要培养学生自主识字的能力。学生具备了一定的识字方法就能保证其具有一定的独立阅读能力。因此，本学习任务群就是使学生形成从学识字到阅读中识记汉字，再到扩大识字量后继续阅读的学习路径。

（三）紧密联系生活，注重语言实践

语文课程是一门学习国家通用语言文字运用的综合性、实践性课程。学以致用是语文学习的目的，也是语文学习的重要方法。《义务教育语文课程标准（2022年版）》明确要求学生学会尝试运用自己积累的语言材料，通过语言运用的实践来

积累语言经验,这一学习途径尤为重要。

语文知识发挥作用的前提就是学生要具备一定的语言实践经验,没有语言实践经验作为基础,语文教学就无法有效培养学生的语文核心素养。语文知识教学要以语言运用实践为基础,正所谓"行是知之始,知是行之成"。根据语言文字运用的实际需要,教师可精心选择相关知识,通过任务群引导学生在语文实践活动中掌握汉字的构字组词特点和语言文字的运用规律,积累语言材料和语言经验,将知识的传授融入具体的语言实践中。教师应该运用真实学习情境,引发学生运用语言、学习语言的动机,让学生感受到语言文字积累和梳理的意义,从而主动、持续地日积月累,熟读成诵。

四、单元教学案例

学习年级:一、二年级

(一)单元构建

1. 学习主题和内容

本单元以"什么是形声字"为主题,举办一次"'字'从遇见你"的字谜大会。通过《小青蛙》《树之歌》《中国美食》和《猜字谜》识字单元四篇课文的学习,引导学生了解形声字的构字规律,建立形声字音、形、义之间的联系,加深对形声字构字特点的认识。借助编写一则形声字字谜儿歌的任务,引导学生发现自主识字的乐趣,提高识字的效率。

此任务群设计适合二年级学生,因为他们已经具备了一定的识字方法和能力。在学习过程中,学生能借助汉语拼音读准生字的读音,运用"加一加""换一换""做动作""找朋友"等多种不同的方法开展自主识字。此外,学生还能够联系生活和已有的知识经验,自主扩大识字量,有一定主动识字的习惯,对于汉语言文字具有一定的兴趣。但是,学生对生字的"音""形""义"的记忆与理解仍是学习的难点,对于运用形声字的构字规律来识字的方法比较陌生。因此,此任务群设计遵循学生能力发展规律,引导学生运用形声字的构字规律自主识字,帮助学生感受形声字的特点。

2. 学习情境

根据以上学习主题和内容,我们确定了以下学习情境:

元宵节马上要到了,我国民间历来有"观灯猜谜"的习俗,让我们一起去看灯会、猜灯谜吧!灯谜中有许多都是字谜,请你也根据形声字的特点来编一则字谜。

那么什么是形声字？形声字又有哪些特点？怎样才能根据形声字的特点编字谜呢？为了完成这个任务，让我们一起走进形声字家族，认识形声字吧！在"'字'从遇见你"字谜大会中，请你猜字谜、编字谜，感受汉字的文化内涵。

3. 学习任务

图1-1 学习任务路径图

本任务群通过记录形声字宝藏本、绘制形声字图表、编写一则字谜儿歌，参与"'字'从遇见你"字谜大会等活动，引导学生认识形声字，发现形声字的构字规律，培养学生在语境中自主识记形声字的能力。

在记录形声字宝藏本时，引导学生思考"生活中有哪些形声字"；在绘制形声字图表时，引导学生思考"形声字音、形、义有什么联系"；在编写一则字谜儿歌时，引导学生思考"如何利用形声字的特点来编写一则字谜"。

本单元计划用8课时，具体安排如下：

表1-1 核心任务与子任务

单元核心任务		举办"'字'从遇见你"字谜大会
子任务1	**记录形声字宝藏本** 识记形声字，梳理形声字构字特点，了解声旁表音、形旁表义的构字规律。	1. 学习课文《小青蛙》。 ◇ 识记"青、清、晴、睛、请"带有青字族的形声字； ◇ 了解形声字声旁表音的特点。 2. 拓展练习：记录形声字宝藏本。 ◇ 逛超市，认识包装袋上声旁表音的形声字，把它记录在宝藏本上。
		1. 学习课文《树之歌》。 ◇ 识记"杨、桐、松、柏、梧"等带有木字旁的字； ◇ 了解形声字形旁表义的特点。 2. 拓展练习：看中国地图，继续记录形声字宝藏本。 ◇ 观察中国地图，积累带"氵"的字，并记录在宝藏本上。

续表

子任务2	**绘制形声字图表** 识记形声字,了解形声字不同形旁可以表达同一类意思。	1. 学习课文《中国美食》。 ◇ 识记"煎、烧、烤"等生字,积累带有"火"和"灬"的字; ◇ 了解"火"和"灬"都是表示"烧"的意思,知道不同的形旁可以表示同一类意思。 2. 拓展练习:绘制形声字图表。 ◇ 课外自主阅读,识记形声字; ◇ 积累文中表示鸟类的形声字,思考:哪些形旁表示的是鸟的意思。
子任务3	**编写一则字谜儿歌** 了解编写形声字谜的方法,根据形声字构字特点创编一则字谜。	1. 学习课文《猜字谜》。 ◇ 识记"相、遇"等生字; ◇ 能根据形声字的构字规律猜出谜底。 2. 拓展练习。 ◇ 根据形声字的构字规律,尝试编写一则字谜。

4. 课文解读

基于以上对"语言文字积累与梳理"学习任务群的认识,根据学习任务,我们确定以下篇目作为本单元重点实施的教学内容:《小青蛙》《树之歌》《中国美食》《猜字谜》。这些课文读起来节奏明快,音律和谐,适合低年段儿童熟读成诵。以形式活泼、内容丰富,充满传统文化色彩的课文为载体,有助于引导学生在不同的语境中识字,发现汉字的奥秘,激发儿童的识字兴趣。

《小青蛙》将字族文识字寓于儿歌之中,课文中"清、情、请、晴、睛"都是由共同的母体字"青"作为声旁的形声字,充分展示了形声字声旁表音、形旁表义的构字规律,体现了汉字的趣味性。学生通过读文识字,既避免了学习形声字的枯燥,又培养了学生学习汉字的兴趣。儿歌除了讲述青蛙的外形和本领,还传达出大家要爱护小青蛙的爱护自然的理念。

《树之歌》是一首介绍树木特征的归类识字儿歌,以木字旁的一类字引出了杨树、榕树等11种树,表现了大自然树木种类的丰富多样。儿歌除第一行外,每行由七个字组成,句末押韵,读起来朗朗上口。学生在学习过程中可以探究部首与字义之间的联系,认识生活中一些常见或不常见的树木,感受大自然树木种类的丰富多样,同样树立起要保护大自然的理念。

《中国美食》以形声字为主体,进行归类识字。形声字分布在美食名中,包括"火""灬"2个偏旁。本课出现的美食均为生活中常见的,包括了7种菜肴和4种主食,以列举的方式呈现。7种菜肴名,每种包含着一种烹饪方法,表示烹饪方法的有"煎、烤、煮、爆、炖"5个生字。4种主食名包含需识记的"蒸、炸、饺、酱"等形声字。每种美食均配有色彩鲜明的图片,图文并茂,让学生在识记菜名的同时既理解了字义,又了解了中国美食的传统制作方法,感受中国特有的饮食文化。

《猜字谜》结合了中国传统节日元宵节"猜灯谜"的风俗,既能让学生感受传统文化"猜灯谜"的乐趣,又能使学生主动参与,积极开动脑筋,寓知识性、趣味性于一体。课文由两则字谜组成,让学生在理解字谜的基础上进一步加深对形声字构字特点的认识。第一则字谜的谜底是"秋",谜面呈现了合体字的构字特点;第二则字谜的谜底是"青",谜面呈现了"青"字族的形旁和字义之间的联系,解释了形声字的造字规律。

以上涉及的四篇课文易读易记,生字都是生活中的常用字,有较强的构字规律,能培养学生自主识字的能力。运用直观形象的教学手段以及多种识字方法,可以帮助学生更快更牢固地识记生字。通过创设多种不同的语境复现生字,引导学生及时巩固已认识的字,梳理所涉及的形声字并进行整理和辨析,有助于培养学生自主认识形声字的能力。

（二）单元教学目标

1. 识记 54 个生字,读准多音字"炸",会写 34 个字和 1 个笔画。
2. 能正确、流利地朗读课文。背诵《树之歌》。
3. 了解形声字的构字规律,感受形声字音形义之间的联系,了解形声字声旁表音、形旁表义的特点。
4. 通过记录形声字宝藏本并完成形声字图表,自主识字,积累生活中的形声字。
5. 编写一则字谜,参与字谜大会,感受汉字的魅力和文化的悠久。

（三）教学实施规划

1. 单元教学实施规划

表 1-2　单元教学实施规划

任务	学习要点	内容	课时
记录形声字宝藏本	1. 学习《小青蛙》,识记"青、清、晴、睛、请"等带有青字族的字;学习《树之歌》,识记"杨、桐、松、柏、梧"等带有木字旁的字。 2. 能正确流利地朗读课文《小青蛙》《树之歌》。 3. 了解形声字声旁表音、形旁表义的特点。	《小青蛙》	2
	4. 记录形声字宝藏本,发现包装袋上同一字族的形声字。 5. 观察中国地图,发现带"氵"的字,并记录在宝藏本上。	《树之歌》	2

续表

任务	学习要点	内容	课时
绘制形声字图表	1. 识记"煎、烧、烤"等生字,积累带有"火"和"灬"的字。 2. 发现"火"和"灬"都是表示"烧"的意思,知道不同的形旁可以表示同一类意思。 3. 阅读《手绘鸟类百科》,积累表示鸟类的形声字,绘制形声字图表。	《中国美食》	2
编写一则字谜儿歌	1. 识记"相、遇"等生字。 2. 根据形声字的构字规律猜出谜底。 3. 根据形声字的构字规律,尝试编写一则字谜。	《猜字谜》	2

2. 课时教学计划

表 1-3　课时教学计划

课时	教 学 要 点
第 1 课时	1. 教学《小青蛙》,指导学生认识"青、清、晴、睛、请"等带有"青"字族的生字,指导书写"青、清"等 7 个字和 1 个笔画横折提。 2. 揭示形声字声旁表音的特点。
第 2 课时	1. 教学《小青蛙》,指导学生正确朗读儿歌,引导学生树立自觉保护青蛙的意识。 2. 设计"超市购物"拓展活动,收集不同包装袋,将声旁相同的字剪下来贴在宝藏本上,运用形声字声旁表音的特点自主识字,进行拓展积累。
第 3 课时	1. 教学《树之歌》,指导学生认识"杨、桐、松、柏、梧"等 15 个生字,指导书写"杨、壮"等 10 个字,指导书写"杨树、树叶"等 8 个词语。 2. 引导学生发现木字旁的字与树木有关,以及形声字形旁表义的特点。
第 4 课时	1. 教学《树之歌》,指导学生正确、流利地朗读课文,并背诵课文。 2. 设计浏览中国地图的拓展活动,引导学生寻找带有"氵"的字,积累更多带有"氵"的形声字。
第 5 课时	1. 教学《中国美食》,指导学生认识"烧、烤"等 15 个生字,读准多音字"炸",指导书写"烧、茄"等 9 个字,"美食、红烧"等 6 个词语。 2. 指导学生用部首查字法查"灶、烫、焦"等字,引导学生发现偏旁"火"和"灬"的字都表示"烧"的意思,知道不同的形旁可表示同一类意思。
第 6 课时	1. 教学《中国美食》,指导学生正确、流利地朗读儿歌,能说说自己家乡的美食。 2. 通过指导学生阅读《手绘鸟类百科》,收集带有表示鸟类的字。根据其不同的特点,绘制形声字表格进行积累。
第 7 课时	1. 教学《猜字谜》,指导学生认识"相、遇"和两个汉字"又"、"冫"两个偏旁,指导书写"红、时"等 8 个字。 2. 引导学生猜出谜底,并能结合谜面,说说猜谜的依据,了解形声字构字特点。
第 8 课时	1. 教学《猜字谜》,引导学生猜出字谜,说说怎么猜出形声字。 2. 引导学生根据形声字的特点学会编一则字谜,享受编字谜的乐趣。

(四) 学习路径

首先,借助《小青蛙》这首儿歌,观察"青"字族的特点,了解课文中"清、情、请、晴、睛"都是由共同的母体字"青"作为声旁的形声字,初步了解形声字声旁表音、形旁表义的构字规律。再积累课文中或生活中更多的形声字,以字族为依据记录形声字宝藏本。根据其字形特点推测出其正确的读音。之后继续学习《树之歌》,根据之前所习得的方法猜测儿歌中生字的读音。通过对各种树名的学习,发现形声字形旁与字义之间的联系,掌握形声字的构字规律。

其次,通过《中国美食》这一课的学习,了解不同的形旁可以表达相同的意思,进一步探究形声字音、形、义之间的联系,加深对形声字构字规律的理解。再通过课外阅读收集形声字,根据其特点绘制形声字图表,依据所学会的方法认识更多的形声字。之后梳理发现不同部首的形声字是否可以表达同一类意思。

最后,以掌握的形声字特点为能力储备,根据形声字的造字规律,在猜谜游戏中快速猜出谜底,并且自编谜语,进一步"玩转"形声字,加深学生对形声字构字特点的认识与感受。

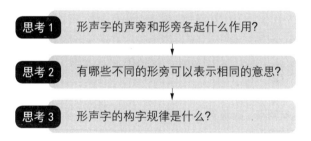

图1-2　问题链

(五) 具体实施方案

1. 各项任务与问题链的设计

表1-4　学生任务与问题链

任务	问题链
核心任务: 举办"'字'从遇见你"字谜大会	核心问题: 形声字的构字规律是什么?
任务一:记录形声字宝藏本	问题1:形声字声旁和形旁各起什么作用?
任务二:绘制形声字图表	问题2:有哪些不同的形旁可以表示相同的意思?
任务三:编写一则字谜儿歌	问题3:形声字的构字规律是什么?

2. 各项任务实施阐述

任务一：记录形声字宝藏本

(1) 任务要点

学习《小青蛙》一文，认识"清、晴、睛、情、请"，了解"青"字族汉字的特点，体会形声字的构字规律。课外与家人一起逛逛超市，寻找商品包装袋上的形声字，根据声旁表音的规律猜测其读音。收集同一字族的形声字，将这些字记录在形声字宝藏本上。

学习《树之歌》一文，认识"杨、桐、松、柏、梧"等生字，运用之前了解的形声字构字规律，猜测生字的读音。通过比较发现这些字具有相同的部首且都与树木有关，了解形声字形旁表义的特点。通过阅读中国地图，寻找江河湖海的名字，积累带有三点水的字，思考这些字的含义有什么共同点，并将其记录在形声字宝藏本中。

(2) 操作流程

根据教材的教学要求，完成以下活动任务：

① 学习《小青蛙》一文，借助拼音，读准"清、晴、睛、情、请"的字音。交流自己的发现。

② 学习《树之歌》，小组合作认识带有木字旁的字"杨、梧、桐、枫、松、柏、桦、杉、桂"。交流自己的发现。

③ 逛超市购物，运用形声字声旁表音的特点，自主识字猜字音。收集不同包装袋，将声旁相同的字剪下来贴在宝藏本上，进行拓展积累。

④ 通过浏览中国地图，寻找江河湖海的名称，积累带有三点水的字。归纳收集形旁相同的字，课后继续绘制形声字宝藏本。

在以上四个环节的学习成果基础上，完成形声字宝藏本上的记录。

(3) 教学片段

《小青蛙》教学片段

1. 合作探究，发现形声字特点。

● 指导学生积累带有"青"的字。

师："青"字家族的成员就藏在儿歌里，它们和"青"长得可像了，到文中找一找，圈一圈，猜猜它们的读音，然后借助拼音拼一拼，看看自己是否猜对了。

● 组织学生交流成果。【媒体出示：清、晴、睛、情、请】

> **说明**：圈字，认读，让学生在动笔中聚焦"清、晴、睛、情、请"等字，便于学生发现它们在读音、字形上的相似和细微区别之处。

● 引导学生比较"清、晴、睛、情、请"的相同点与不同点。

引导学生交流发现：

师：小朋友们认真观察这五个家族成员，你有什么发现？

▲预设1：这5个字的发音都和刚才我们学过的青蛙的"青"的发音特别相似，都有"ing"这个音节韵母，只不过有的声调不一样。

教师评价：你发现了它们读音上的特点。你能做小老师带我们读一读吗？

▲预设2：字形上不一样，虽然右边都有一个"青"字，但左边的偏旁不同。

教师评价：你关注到了它们字形上的不同。那你知道这些偏旁叫什么呢？

指导学生书写竖心旁与横折提：

师：跟老师一起读——竖心旁。注意竖心旁的笔顺规则是"先两边后中间"。

学生书空竖心旁。

师：这是今天我们要认识的一个新偏旁——言字旁。言字旁中有一个新的笔画，一起写一写。

● 指导学生读好描写小青蛙的句子。

师：这是一只怎样的青蛙？它长什么样子？快去文中找一找。

▲预设：这只青蛙个子小小的，眼睛大大的，这是一只可爱的青蛙。

师：你能读出小青蛙的可爱吗？就请你来读一读这一句。

学生朗读句子。

● 指导学生了解"清、晴、睛"的意思。

【媒体出示：河水清清天气晴，小小青蛙大眼睛。】

师：这句话中就有我们刚才认识的三个新朋友。我们知道不同的偏旁表示不同的意思，这三个字是什么意思呢？快去和同桌说一说。

指导交流"清"：

▲预设：清是三点水旁，和水有关。

师：河水很干净，我们可以说——河水清清。

指名读词语"河水清清"。

师：你能给这个三点水的"清"字找找朋友吗？

学生交流。

【媒体出示:清水、清泉、清洁、清洗……】

师:看来大家都明白三点水的"清"表示什么意思了,我们一起来读读这些词语。

▲过渡:继续来交流,还有2个字,你猜出来是什么意思了吗?

指导交流"晴":

▲预设:晴是日字旁,和太阳有关。

师:有太阳的天气就叫——晴天,今天天气非常——晴朗。天空中云很少,或者都没有云,天气又特别晴朗,我们可以说——晴空万里。瞧,下过雨后,彩虹出来了,这是——雨过天晴。

指导交流"睛":

▲预设:睛是目字旁,和眼睛有关。

师:瞧,这只小青蛙就有一对大眼睛。和眼睛有关,我们就用目字旁表示。用手指一指,跟老师读——睛睛睛,眼睛的睛。

师:你们的眼睛真亮,每个人都看着我,这个词就是来夸你们的——目不转睛。

相传啊,以前有一个人,他在墙壁上,把龙的眼睛一点,这龙就腾云驾雾地飞走了,这就叫——画龙点睛。

看,齐天大圣来了,他有一双——火眼金睛。

● 小结:刚才我们借助插图猜测字的意思,还有的同学能根据以前学过的偏旁部首来猜字的意思,你们学字的方法可真不少。

● 归纳形声字特点。

师:这几个字的发音都和"青"相似,"青"表示字的读音,叫声旁。左边的偏旁表示字的意思,是形旁。由形旁和声旁组成的字叫形声字。见到形声字,我们就可以像今天这样,根据声旁猜猜它的读音。利用形声字识字是一种非常重要的识字方法,以后我们会认识越来越多的形声字,记得把它们收录进宝藏本中。

● 方法迁移。

师:今天老师也给大家带来了一个新的形声字家族,你能运用今天学习的形声字的构字规律,找找"尧"的朋友吗?

媒体出示:
用水浇,用火烧,(yòng shuǐ jiāo　yòng huǒ shāo)

手儿挠,尾巴翘,(shǒu ér náo　wěi bā qiào)

蚕儿吐丝把身绕,(cán ér tǔ sī bǎ shēn rào)

日出东方天破晓。(rì chū dōng fāng tiān pò xiǎo)

> **说明**：对低年级学生来说，识字是基础，也是重点。采用图文结合、游戏组合部件等方式，能引导学生更为直观地了解汉字的部件组成、构字特点等。同时，结合活动，更能激发学生主动识字的积极性。从初读正确、再读提升到最后的归类巩固，各环节的设计步步递进，使识字更具系统性。

2. 布置作业。

• 逛超市购物，运用形声字声旁表音的特点，自主识字猜字音。

• 收集不同包装袋，将声旁相同的字剪下来贴在宝藏本上，进行拓展积累。

••••••••••••••••••••••••• ■ JIAOXUEPIANDUAN ■ •••••••••••••••••••••••••

《树之歌》教学片段

1. 初读课文，认识树名。

• 指导完成学习活动一：

借助拼音读儿歌，读准字音，读通句子。

数一数儿歌有几句话，标上序号。

圈出儿歌中树的名字。

• 指导交流反馈。

• 指导了解树名。

师：儿歌中介绍了哪几种树呢？

板书：杨树　榕树　梧桐　枫树　松柏　木棉　桦树　银杏　水杉
金桂

• 指导完成学习任务二：

小组合作识记生字。

师：在这些树名中，藏着我们今天要学的生字。运用上节课学习的形声字方法，先猜猜读音。说说你是怎么猜出来的。

【媒体出示：杨、榕、梧、桐、枫、松、柏、棉、桦、杉、桂】

学生交流反馈生字读音。

▲预设：因为"榕"的右半部分是"容貌"的"容"，所以根据形声字的特点，我猜这个字读 róng。

引导学生仔细观察生字，并交流发现。

师：观察一下这些生字，你有什么发现，你能用什么方法记住它们？

▲预设1：我发现梧、桐、枫、松、柏、桦、杉和桂，这些字都是木字旁的，都是与树有关的字。

▲预设2：我发现它们大多都是形声字，左边的木字旁表义，右边表音，比如梧桐，这两个字都是木字旁，跟树木有关，右半部分"吾"和"同"的读音和生字的读音完全相同，看到右边声旁，就能想到它们的字音了。

▲预设3：柏和桦这两个形声字，右边的声旁和字的读音有所不同。

小结：这些同学都能根据形声字的构字特点来记忆字形，那就是"声旁表音，形旁表义"。老师还要提醒大家，杉和桂这两个字的右半部分读音我们还没有学，但它们也是形声字。运用形声字声旁表音、形旁表义的特点来认识汉字，是一种识字的好方法。

师：请你再来读一读，读准这11种树的名字。

> 说明：这些字都是形声字，而且都是木字旁，通过这一课的学习，巩固学生对形声字形旁表义、声旁表音的认识。

2. 布置作业，拓展延伸。

梳理生字部首与字义之间的联系。

布置作业：通过浏览地图，找寻江河湖海的名称，积累带有偏旁"氵"的字。课后绘制形声字图表。

（4）任务推荐表

任务二：绘制形声字图表

（1）任务要点

　　学习《中国美食》，认识带有偏旁"火""灬"的字，了解形声字形旁表义的构字规律，绘制形声字图表。

（2）操作流程

　　根据教材的教学要求，完成以下活动任务：

　　① 学习《中国美食》，认识带有"火"的字"烧、烤、炒、爆、炖、炸"和带有"灬"的字"煎、蒸、煮"。

　　② 自主探究偏旁相同的字都为同一类属，找出课文中还有哪些字偏旁相同表示同一类属。

　　③ 阅读《手绘鸟类百科》，归类收集形旁相同的字，课后绘制形声字图表进行积累。

（3）教学片段

《中国美食》教学片段

　　1. 初读课文，整体感知。

　　引导学生自由读文，读准字音。

　　借助图片，让学生了解课文分为"菜肴"与"主食"两部分。教师简单介绍什么是"主食"。

　　2. 指导学习"菜肴"部分，了解制作方法，按偏旁归类识字。

　　● 出示学习活动单一。

　　（1）读读菜名。

　　（2）学着老师的样子，画出食材，圈出烹调方法。

　　● 组织交流，指导按偏旁归类识字。

　　指导识记火字旁的字：烧、烤、爆、炖。

　　【媒体出示：烧、烤、爆、炖】

　　师：经过之前的学习，我们知道了形声字的构字规律。请你根据形声字的规律说说这几个字的共同之处，想想这些字一般都和什么有关。

　　▲预设：这几个字都带有火字旁，一般都和火有关系。

　　借助图片、视频，理解"烧、烤、爆、炖"。

师：把食材放进烧热的油锅里，快速炒几下，出锅，这就是"爆"；放入食材，加水烧开，再小火烧上一段时间，把食物烧得烂熟，就是"炖"。这些烹饪方法，都离不开火。

请学生认读词语：红烧茄子、烤鸭、葱爆羊肉、小鸡炖蘑菇。

小结：把偏旁相同的字归在一起，看偏旁想想这些字和什么有关。一组一组认，这样不仅学得快，而且以后遇到带这个偏旁的字，也许你就能猜出它的意思来了。

指导识记四点底的字：煎、煮。

师：说说如何利用形声字的规律识记"煎、煮"这两个生字。

引导探究：为什么这些带四点底的字会和火有关呢？

出示"煮"字演变过程，引导关注小篆和隶书中"煮"字下面部分都是"火"。"火"慢慢变成了四个点，演变成"灬"。

小结：小朋友们发现没有？ 不同的部首可能表达相同的意思。

请学生认读词语：香煎豆腐、水煮鱼。

了解其他带有火字旁、四点底的字。

（出示：灶、焰、烫、煲、烈、熏）选择其中两个字，用部首查字法查一查，了解读音，再说说发现。

小结：把这些字归在一起，就会发现带火字旁和四点底的字多与"火"有关。

● 再读"菜肴"部分，感受中国美食名字中所凝聚的智慧。

3. 布置作业，拓展延伸。

布置作业：阅读《手绘鸟类百科》这本书，收集带有不同部首的鸟类名称。根据其不同的特点，整理一份形声字表格。

（4）任务推荐表

任务三：编写一则字谜儿歌

(1) 任务要点

学习《猜字谜》一课，根据形声字的特点寻找字谜的谜底，了解字族的形旁和字义之间的联系，进一步加深对形声字结构特点的认识和感受。激发学生创编字谜的欲望，能结合所学知识编写一则字谜，并举办"'字'从遇见你"字谜大会。在活动中，猜猜别人编的字谜，说说是怎么猜出来的，培养学习汉字的浓厚兴趣。

(2) 操作流程

根据教材教学要求，完成以下活动任务：

① 学习《猜字谜》，识记"相、遇"等生字，根据谜面及汉字特点猜出谜底。

② 收集并交流自己从不同渠道所收集到的字谜，开展猜字谜的语文实践活动，根据形声字的特点寻找字谜的答案。

③ 参与"'字'从遇见你"字谜大会，自己根据形声字音、形、义之间的联系，创编一则字谜。

在以上三个环节的基础上，进一步加深学生对形声字构字特点的认识和感受。通过猜字谜帮助学生建立"音、形、义"之间的联系，掌握利用形声字的特点自主识字的能力。参与"'字'从遇见你"字谜大会，在充满趣味性的活动中激发学生主动识字的积极性。

(3) 教学片段

《猜字谜》教学片段

1. 指导学习第二则字谜谜面。

出示第二个谜面图片。

● 指导学习"'言'来互相尊重"。

指导学习生字"言"。

师： 从嘴里说出的话就是言，所以"言"里有一个口。

指导学习生字"互"和"相"。

师： 篆文的"互"字，中间是绞着的两股麻线，就像上下两端的两个转柄。"互"是一个象形字，一幅画儿就是一个字。

师:把这两个字交换顺序——"相互"(跟老师读)相互尊重是有礼貌的表现,有一种礼貌用语要一直挂在嘴边,那就是请。

● 指导学习"'心'至令人感动"。

指导学习生字"令"。

师:指导读准字音:"令"是后鼻音,跟老师读。

组织交流记住生字的好方法。

指导学习生字"动"。

找朋友:运动、活动、感动。

师:人之所以感动,就是因为有情。和老师一起读"情"。

● 指导理解"'日'出万里无云"。

● 指导理解"'水'到纯净透明"。

指导学习生字"净"。

师:"净"是后鼻音,跟老师读。

指导认识偏旁"冫",书空两点水。

学习"清"。

组织学生交流哪些水是清清的。

● 了解谜语的谜底"青"。

师:有谁猜出谜底了吗? 说说你是怎么猜出来的。

▲预设:我是根据形声字的规律来猜的。它们的读音相近,所以应该是同一字族的。而前面的"言""心""日""水"和意思有关,指的就是部首。

师:"言"来互相尊重,与人交谈表示尊重常说请。"心"至令人感动,感动的是那浓浓的情谊。"日"出万里无云,那是晴天才能看到的美丽景象,"水"到纯净透明,清到能见到在水底游动的鱼儿。"请、情、晴、清"这四个字的读音都和"青"相似,字的意思和偏旁有关,这四个字都是形声字,这个字的谜底就是青。

2. 猜字谜。

● 出示字谜。

师:老师带来了一些字谜,你们都能猜出来吗? 同桌互相交流一下各自的答案吧!

一加一,猜一个字。

▲预设:一加一,就是王。

加一点,方方正正,猜一个字。

▲预设：谜底是万，方方正正的方，去掉一点就是万。

▲过渡：你们真会动脑筋，用加一加和减一减的方法猜出了字谜，我们继续做游戏。

● 组织游戏：谜面谜底对对碰。

师：读读谜面，看看谜底，连一连。

第一个谜面"又来一只鸟"。

▲预设：又加鸟，答案是公鸡的鸡。

第二个谜面，"人到住下来"。

▲预设：这个字加上人就是住。那"住"减去人就是"主人"的"主"。

第三个谜面，"有水就是江"。

▲预设：这个字加上水就是江。把江减去水，工人的工。

最后一个谜面，"人进门"。

▲预设：门加人闪亮的闪，用上加一加减一减的方法。

● 引导用加一加的方法猜字谜。

林一半　眼一半（相）

田里长了草，其实不是草。（苗）

一字有千口，你有我也有。谜底是舌头的舌。

● 引导用减一减的方法猜字谜。

有鸟是乌鸦，有草就发芽。（牙）

有人就是们，有口勤发问。（门）

● 出示谜面。

有"人"就是男子汉，

加"女"常梳马尾辫，

遇"水"可以养鱼虾，

添"土"长满绿庄稼。谜底（也）

再次出示一个谜面猜字谜，谜底也是（也）。

3. 引导学生尝试编字谜。

● 组织给"朋"编字谜。

▲预设1：两个月，肩并肩，这两个月字你靠着我，我挨着你，就像肩并

肩站在一起。

▲预设2：两个月天天都见面，这两个月字是好朋友天天见面，形影不离。

● 组织给"问""从""春"编字谜。

4. 总结。

大家都能根据汉字的特点来编字谜，真是爱动脑筋的孩子。今天我们一起复习了所学的生字，猜了字谜，编了字谜。在游戏中巩固了多种识字的方法，大家在课后可以继续进行这一活动。

5. 拓展延伸，布置作业。

参与"'字'从遇见你"字谜大会，根据形声字的构字规律，自己创编一则字谜。

（4）任务推荐表

（六）资源建设

书名:《手绘鸟类百科》,出版社:北京联合出版公司。

图 1-3 《手绘鸟类百科》

（七）评价方案

表 1-5 评价方案

活动名称	评价标准			
	优秀	良好	合格	须努力
记录形声字宝藏本	1. 能在生活中准确找到形声字。 2. 把找到的同一字族的形声字按照构字规律积累在宝藏本上。 3. 宝藏本有 4 个以上同字族的形声字,做到书写正确,字迹端正。	1. 能在生活中找到形声字。 2. 把找到的同一字族的形声字按照构字规律积累在宝藏本上。 3. 宝藏本有 2-3 个同字族的字,做到书写正确。	1. 能在生活中找到形声字。 2. 把形声字积累在宝藏本上,做到书写基本正确。	1. 未能在生活中找到形声字。 2. 不能把形声字积累在宝藏本上。
绘制形声字图表	1. 能在课外阅读书籍中,准确找到不同部首的形声字。 2. 把不同部首但意思相近的形声字按照构字规律绘制成形	1. 能在课外阅读书籍中,找到形声字。 2. 把形声字按照构字规律绘制成形声字图表。	1. 能在课外阅读书籍中,找到形声字。 2. 把形声字绘制成图表,做到书写基本正确。	1. 未能在课外阅读书籍中,找到形声字。 2. 不能把形声字绘制成图表。

续表

活动名称	评价标准			
	优秀	良好	合格	须努力
	声字图表。 3. 有两类以上不同的形声字,图表有适当的美化,做到书写正确,字迹端正。	3. 图表有一定的美化,做到书写正确。		
根据形声字特点,编一则字谜儿歌	1. 能根据形声字特点,围绕字音或字义,创编一则字谜儿歌。 2. 创编的儿歌语句通顺,体现形声字特点,表述清晰。 3. 能猜出 3 则以上的字谜,并能说清猜出来的理由。	1. 能根据形声字特点,围绕字音或字义,创编几句字谜。 2. 创编的内容合理恰当,体现形声字特点。 3. 能猜出 1—2 则字谜,并能说出猜出来的理由。	1. 能根据形声字特点,围绕字音或字义,创编 1 句话字谜。 2. 创编的内容能够让人猜出字谜。	未能根据形声字特点,围绕字音或字义,创编 1 句话字谜。

（八）学生成果展示

1.《形声字宝藏本》学生作品

图 1-4　形声字宝藏本学生作品

2.《形声字图表》学生作品

图 1-5　形声字图表学生作品

3.《形声字字谜儿歌》学生作品

图 1-6　形声字字谜儿歌学生作品

学习任务群二

实用性阅读与交流

一、内涵阐释

《义务教育语文课程标准(2022 年版)》对"实用性阅读与交流"任务群提出如下要求："本学习任务群旨在引导学生在语文实践活动中,通过倾听、阅读、观察,获取、整合有价值的信息,根据具体交际情境和交流对象,清楚得体表达,有效传递信息,满足家庭生活、学校生活、社会生活交流沟通需要。"

(一) 什么是"实用性"

顾名思义,"实用性"就是有实际使用价值的性质。它体现为有用,可用,有效用。"实用性"包含两方面,一为文本材料(课文)的实用性,二为阅读的目的以及功能的实用性。以上两方面即以"实用性阅读与交流"学习任务群统领记叙文、说明文、应用文的阅读和各类实用性交流,促使语文教学回归生活语境和交际功能。

(二) 什么是"实用性阅读"

实用性阅读指的是带有实用性质的阅读,它是一种对学生的生活、学习能起到一定实际使用价值的阅读。它是理解、积累、内化的过程,通过文本材料(课文)的阅读获取信息、获得认知或者解决问题,以达到学以致用的目的。例如实用性文本——说明书的阅读,可以通过阅读理解相关用品的信息,获取解决问题的途径和方法,这就是生活中最常见的实用性阅读。

(三) 什么是"实用性交流"

实用性交流是通过实用性阅读,理解、积累、内化实用性文本的内容后,基于生活实际需要来进行的表达交流。它来源于学生的生活需求,在不同的交流环境,根据不同的场景、对象,采用不同的表达方式,以使交流达到更好的效果。例如在参加竞选、发表演讲、进行辩论时,由于对象不同、场景不同,所以必须采用宣讲、辩论等不同的表达交流方式。

"实用性阅读与交流"既能引领语文学习回归学生的日常生活,又能凸显语文课程工具性和人文性统一的特征,在信息化时代,学生还能借助网络更快地搜集正确的信息。这些都体现了"实用性阅读与交流"学习任务群的课程价值。

二、课程内容选择

《义务教育语文课程标准(2022年版)》在确定"实用性阅读与交流"学习任务群内容时,主要从以下三个维度进行考虑:充分考虑不同学段学生的年龄特点和生活范围,关注学生在不同场景中的语言运用;从实用性文本的不同类型和特点出发,提出不同的阅读与交流任务;关注文化的理解和传承。这三个维度,都关注到了"实用性阅读"和"实用性交流"。在进行实用性文本的阅读过程中,教师要指导学生理解、积累、内化文本,然后基于对文本的理解,再进行运用、互动、交流。

由此可见,"实用性阅读"和"实用性交流"是该任务群的两大板块,它们的功能不同,"实用性阅读"注重的是信息的获取、整合,"实用性交流"注重的是表达和交流。

而两者的内容和要求则有很多相同之处,它们都呈现螺旋形上升,都具有实用性。基于学生的生活实际需要,"实用性阅读"是为了获取信息、获得认知或者解决问题,学以致用;"实用性交流"则是在不同的交流环境,根据不同的场景、对象,采用不同表达方式,以达到更好的交流表达效果。

(一)指向"实用性阅读"的课程内容

《课程标准》列出的实用性文本包括有关个人生活、家庭生活、学校生活、社会生活的短文,日常生活中常见的标牌、图示、说明书等,说明、叙写大自然的短文,参观访问记、考察报告、科技说明文、科学家小传等,有关中华优秀传统文化的短文等。在每个学段,提供的文本不同,实用性阅读的内容和要求也不同。

在第一学段,基于学生的年龄特点,以及已有的阅读经验,实用性文本选择有关个人、家庭、学校生活以及中华优秀传统文化的文本。这些短文篇幅短小,内容贴合学生的生活实际,能激发该年段学生的阅读兴趣,并在阅读过程中感受美好亲情,感受美好的校园生活,了解中华优秀传统文化。

考虑到学生初入校园,刚进入识字阶段,所以实用性文本还选择了社会场所的标牌、图示、说明书等与社会生活内容相关的非连续性文本,学生通过阅读,知道这些场所的名字,并能依据图示对这些场所有所了解,知道在这里需要遵守的公共生活的规则。

在第二学段,随着学生解读文本能力的提高,实用性文本增加了有关社会生活的短文;增加了说明、叙写大自然的短文,即与大自然相关的说明性文本,以通过阅读获取大自然的相关信息,感受大自然的奇妙与美好;还增加了留言条、短信、请假条、简单书信等日常应用文。通过文本的阅读,学生学习这些应用文的写法,为解决生活中的相关问题做准备。

第三学段,增加了记人叙事的优秀文本以及参观访问记、考察报告、科技说明文、科学家小传等与社会生活内容相关的文本。通过学习记笔记、列大纲、写脚本、画思维导图等方式指导学生学习整理和呈现信息的方法。和前两个学段相比,第三学段内容明显增多,更注重实用文的阅读和学习,也更注重方法的习得,为实用性交流做准备。

(二) 指向"实用性交流"的课程内容

实用性交流是在理解、积累、内化实用性文本的内容后,基于生活实际需要而进行的表达交流,它的形式分为口头和书面表达两种。

在第一学段,实用性交流分成三部分。一是在阅读了有关个人、家庭、学校生活的短文后,能够学习交流、沟通、分享感受。二是指在学习了非连续性文本的内容后,能够了解社会生活内容的相关规则,能和别人有礼貌交流。三是讲述看到、读到、听到的有关文化传统的故事。

这三部分是使初步接触学校生活和社会生活的孩子尝试着认识不同的环境,融入不同的生活,进行不同的交流,表达不同情感的交流内容。例如,在学校学习与老师和同学沟通;在家里学习用文明礼貌的语言与家人沟通。在沟通过程中,能够对家人表达感恩之情,对校园生活表达热爱等情感。这样的口头交流的内容对于第一学段的学生非常适切。

第二学段中,实用性交流从口头表达的单一方式,转变为口头和书面表达两种方式,客观表述生活见闻。一是基于社会往来的需要,要求学生能学习写简单的应用文,以应对生活中常见的留言、请假、发信息、写简短书信等需要。二是在学习提取、整合有关大自然的文本信息后,让学生学习用日记等形式展现自己的观察探索结果。三是讲故事,要求学生能具体、清楚、生动地讲述。

由此可见,在第二学段,口头交流的内容提出了表达的具体要求,书面交流的内容为简单应用文的撰写以及成果的展示。这些内容对第二学段的学生而言,符合他们社交的需求,也符合他们的年龄特点。

第三学段,实用性交流更贴合学生的交流需求,通过口头表达和书面叙写,交流令人感动、难忘的人和事。相比第二学段学习,第三学段的书面叙写要求更高,不仅要将内容写清楚,还要传递自己的情感,对不同的对象,可以以不同的形式表达,可以是书信,可以是日记,也可以是其他文体。同样的,口头交流的内容要求也提高了,要求学生尝试用多种媒介方式展示、讲述革命英雄和劳动模范的事迹,表达自己的崇敬之情。这个学段的交流内容结合学生的年龄特点、实际情况,体现实用性交流的内涵,就是对不同的场景、对象采用不同的表达方式,目的就是为了使交流能达到更好的效果。

综上所述,"实用性阅读与交流"任务群的课程内容选择,注重社会真实情景,强调学生的亲身经历、体验和参与。学生阅读有关家庭、学校或社会生活的文本,学会分析实用性文本的内容和表达,并迁移到自己的生活语境中,还通过聆听故事、观察自然、感受生活,进行信息交流、宣传、情感沟通等,运用语言文字参与生活,服务社会,将"实用性"真正落到实处。

三、教学实施建议

(一) 注重创设情境,紧扣"实用性"特点

"兴趣是最好的老师,生活是兴趣的源头。""实用性阅读与交流"任务群的教学应紧扣"实用性"这一特点,努力让学生置身于真实的日常生活情境中,将学习任务和学生的实际生活紧密相连,关注学生的学习兴趣与经验,提高学生实际生活中交流与沟通的能力,因为只有当学生切实感受到语文学习对于生活的重要性和实用性时,语文学习才会变得有趣又值得。

教师设计教学时,要引导学生走进生活,设计有实用性的情境。例如,在教学口语交际"自我介绍"时,可根据不同场景设置以下具体的情境引导学生完成交流:(1)作为班级代表去年级组进行校级少代会代表的评选投票,投票前进行 2 分钟的自我介绍。(2)作为小学生去幼儿园参加实践活动,对幼儿园弟弟妹妹们介绍自己。(3)过年期间,爸爸妈妈邀请亲朋好友来家里做客,作为小主人需要向长辈们作自我介绍。三个情境与生活息息相关,通过这次学习活动,学生可以清晰地了解到针对不同场景、不同人群,自我介绍的内容是不一样的。

在做中学,在行中悟。当语文教学从静态知识点的传授转变为动态问题的解决,学生在这样真实的语言实践活动中才有可能真正领悟"对象与目的不同,介绍内容就有所不同",从而达成"实用性阅读与交流"的要求,使学生能够提高阅读与表达交流的能力,丰富生活经历和情感体验,增强适应社会、服务社会的能力。

（二）梳理学习路径，指导学习方法

《义务教育语文课程标准（2022年版）》教学提示二中指出：学习活动可以采用朗读、复述、游戏、表演、讲故事、情景对话、现场报道等学生喜闻乐见的形式，将识字、写字、阅读、写作、口语交际、搜集处理信息等融为一体；应加强对跨媒介阅读与交流的指导，充分利用数字资源和信息化平台，引导学生提高语言理解与运用能力，逐步增强语言表达的准确性、规范性。

为了落实这样的教学要求，教师在教学时除了要采用多样的活动形式之外，还要在语文学习实践活动中帮助学生梳理学习路径，指导学习方法，以帮助他们将课文中学会的方法应用到生活中去，做到学以致用。

例如，在教学"我的观察日记"时，教师让学生自己去观察一种植物或动物在一段时间内的变化，并做好观察记录。以真实的生活实际为背景，鼓励学生走进大自然，学会观察发现，自主探究。学生为了完成观察日记，必须先获取信息，他们需要制定观察记录表，从不同的角度记录观察对象的变化，再筛选信息，记录有价值的信息，然后整合信息。在表述时，学生需要重新组织语言，有序、清晰地表达，以获得实际交流与表达的能力。

在这一过程中，教师可以指导学生运用记笔记、列表格、列大纲、写脚本、绘制思维导图等方法为"实用性阅读与交流"提供支架。

阅读其他类的实用性文本也需使用这样的路径与方法。例如学习说明文时，学生同样需要借助列表格、整理思维导图等方法，按照"提取信息——筛选信息——整合信息——比较阅读——恰当表达"的学习路径由文本阅读输入信息，到输出传递信息，落实"实用性阅读与交流"。

语文实践活动并非孤立存在，内核必然是整合了各方面的核心素养，串联了学生的听说读写各方面能力的培养，从而促进学生在语文实践中对语言的积累、构建和表现。

（三）关注表现性评价，重视实用效果

《义务教育语文课程标准（2022年版）》指出，评价应注重学生在真实生活情境中语言运用的实际表现，围绕个人家庭生活、学校生活、社会生活中阅读与交流的实际任务，评价学生的实用性阅读与交流能力。由此可见，评价应与任务实施过程联系起来，要伴随在活动过程中进行表现性评价，而不仅限于终结性评价。

实用性阅读与交流具有特定的读者对象和问题指向，内容上要求简明准确，语言上强调明白晓畅、条理清晰，教师在进行教学过程性评价时一定要关注这一

特点,引导学生发言前先关注阅读与交流的对象、情境、目的与交流效果。

例如,"我是优秀解说员"的活动中,教师可以从解说内容是否完整,解说语言是否简明流畅、条理清晰这两方面进行及时评价,评价标准的制定围绕学习任务的基本内容展开。评价中也应发挥多元评价主体的作用,教师应先尊重学生的主体地位,关注学生的个体差异,在教学过程中引导学生互评、自评,互评时还可以让听的学生作为被解说对象,说一说通过同学的解说是否了解了相关对象,还想了解哪些内容,在评价过程中反复巩固要点,使学生通过"教——学——评"的过程进行对照和反思,之后及时改进自己的表达。

教师在活动进行的过程中,进行及时的评价很重要,要关注学生在真实生活的情境中,对所学知识是否用得出,用得对,用得好,能不能解决实际问题。

四、单元教学案例

学习年级:五年级

(一) 单元构建

1. 学习主题和内容

本单元以动物类的说明文为内容进行实用性阅读与交流的学习,学习的核心内容是"学写说明文"。以"创建'动物博物馆'"为驱动任务,通过学习课文《飞向蓝天的恐龙》《鲸》和《松鼠》,让学生认识到已灭绝动物恐龙的演化过程、濒危动物鲸的特点,以及身边动物松鼠的生活习性,感受人与动物之间和谐相处的重要性,激发学生保护动物的意识。在完成一系列子任务的过程中,达成本单元学习目标,指导学生搜索、筛选、整理有价值的信息,体会运用举例子、列数字、打比方、作比较等说明方法的作用。最后,运用准确的语言,选用恰当的说明方法,把某种动物的特点从不同方面介绍清楚,完成一篇习作。

动物与人类相互依存,离学生的生活较为接近,介绍动物的说明文便于学生理解,并产生共鸣与好奇心。学生在学习文章和完成驱动型任务时,能够更多地了解各类动物,切实感受到人和动物之间的关系,从而激发学生保护动物的欲望,以及从小培养学生爱护动物、保护大自然的意识。学生从任务中自主感悟到的情感比教师直接的灌输更容易留存于他们的心中。

叶圣陶老先生说过"说明文以'说明白了'为成功",说明文是通过对客观事物的性质、状态、特征、成因、关系、功效或发生、发展过程的说明,使人们对事物或事理有个明晰的了解和认识。也就是说作者最要紧的是把自己理解的那部分内容写明白、写准确，不能有含糊，不能让读者产生误会，同时帮读者认识事物，获取知识。这与本任务群旨在培养学生得体表达，有效传递信息，将语文学习运用至生活的目的不谋而合。

学生在之前的学习中接触过说明文，有一定的基础。《纸的发明》介绍了纸的来源与演化过程；《琥珀》的作者借助一些蛛丝马迹推断出琥珀形成的原因与过程，从而知道琥珀形成的不易及其珍贵性；《什么比猎豹的速度更快》中运用了列数字、作比较、举例子、打比方的说明方法直观清晰、有说服力地介绍了多种事物的运动速度。学生们已经初步形成了根据线索来进行推论、猜测的思维，初步了解了说明方法的好处，有了一定的说明文阅读经验。基于此，我们确定了本单元的学习主题和内容。

2. 学习情境

根据以上学习主题与内容，我们设计了以下情境：

> 在历史长河中，有些动物逐渐退出了历史舞台，只存在于人类的口中与画册中；还有些动物由于环境、气候以及人类活动的因素逐渐淡出人们的视线，变得稀少而濒危。保护动物，刻不容缓。
>
> 下个月，学校科技节即将开幕，我们准备创建一个"动物博物馆"。在"动物博物馆"中，我们需要为已灭绝动物制作"动物纪念碑"，让参观者了解动物的历史与演化；需要为濒危动物开设"动物救助站"，让参观者了解它们，呼吁人们保护动物；还需要为我们熟悉的动物建设一个"小小动物园"，让参观者喜欢上这些动物。
>
> 我们该如何完成这项任务呢？让我们走进本单元的学习活动中吧！

3. 学习任务

图2-1　学习任务路径图

为达成核心任务"创建'动物博物馆'"，需要指导学生先完成三个子任务的学习。通过查找已灭绝动物的有关资料，了解其演化过程或灭绝原因，为已灭绝动物制作"动物纪念碑";思考动物濒危的原因,整理保护濒危动物的方法,为濒危动物撰写呼吁词,开设"动物救助站";最后,观察熟悉的动物的特点,思考如何与动物友好相处,完成一篇以动物为题的习作,建设"小小动物园"。这一活动过程可以循序渐进地让学生了解说明文语言的特点,逐步学会运用恰当的说明方法,从不同方面介绍清楚某种动物的特点。

根据本单元的学习任务,我们分解了以下学习任务:

表 2 - 1 核心任务与子任务

单元核心任务	创建"动物博物馆"	
子任务1	制作"动物纪念碑" 简要复述动物的演化过程或灭绝原因,制作灭绝动物纪念碑。	① 学习课文《飞向蓝天的恐龙》。 ◆ 学习用列表格的方式,借助时间词和关键语句,简要复述恐龙的演化过程。 ② 拓展练习:为一种灭绝动物制作"纪念碑"。 ◆ 确定一种已灭绝的动物,通过查找资料,整理信息,为它撰写一段介绍词。 ◆ 根据对已灭绝动物特点的了解,为它画像,制作"动物纪念碑"。
子任务2	开设"动物救助站" 运用恰当的说明方法将一种濒危动物的某个特点介绍清楚;以动物为第一人称撰写呼吁词。	① 学习课文《鲸》。 ◆ 学习运用恰当的说明方法从不同方面将一种动物的特点介绍清楚。 ◆ 通过阅读链接分析动物濒危的原因。 ② 拓展练习1:写清楚一种濒危动物的某个特点。 ◆ 明确一种濒危动物,搜集并筛选相关资料,了解这种濒危动物的特点。 ◆ 运用恰当的说明方法,写清楚这种濒危动物的某个特点。 ③ 拓展练习2:为一种濒危动物设计呼吁词。 ◆ 了解动物濒危的原因、濒危程度,以及人们救助这种动物的方法。 ◆ 以动物为第一人称撰写呼吁词。
子任务3	建设"小小动物园" 运用说明方法,将动物的特点介绍清楚。	① 学习课文《松鼠》。 ◆ 继续学习运用恰当的说明方法,以准确的说明性语言分段介绍动物的不同方面,写清楚这种动物的特点。 ◆ 了解根据阅读对象的不同,说明性文章的语言可呈现不同的风格。 ② 拓展练习:以某一种动物为题独立撰写一篇说明文。 ◆ 观察一种熟悉的动物,了解这种动物不同方面的特点。 ◆ 根据阅读对象,运用恰当的说明方法,从不同方面把这种动物的特点介绍清楚。

4. 课文解读

根据学习任务，本单元分阶段共安排了三篇课文的学习，分别是《飞向蓝天的恐龙》《鲸》和《松鼠》。

课文《飞向蓝天的恐龙》是一篇关于"鸟类起源于恐龙"假说的文章，介绍了恐龙的一支向鸟类演化的过程。课文可分为三个部分。

第一部分（第1—2自然段）说到大量化石显示恐龙的一支经过漫长的演化，最终变成了凌空翱翔的鸟儿。第1自然段简要有力、开宗明义地提出了这一假说。第2自然段逻辑严密地介绍了科学家提出假说并论证的过程，让读者感觉这个假说是"言之有据"的。这一自然段沿着"注意相似——研究化石——提出假说——发现证据"的思路逐层深入，环环相扣，体现了作者严谨的科学思维，更增加了假说的可信度。

第二部分（第3—4自然段）介绍了恐龙向鸟儿演化的过程。这个演化过程漫长又复杂，而作者的介绍层次清楚、简明扼要。从两亿四千万年前的第一种恐龙到数千年后形态各异的庞大家族，再到一些猎食性恐龙身体逐渐变小，最后到飞上蓝天。作者抓住了演化过程中的关键阶段，清晰地为读者勾勒出恐龙的一支向鸟类演化的轨迹。在这个过程中，作者还并列出示了科学界关于恐龙飞上蓝天的两种看法，启迪学生对未知的世界作出更多的探索与猜想。

第三部分（第5自然段）写科学家希望全面揭示恐龙向鸟儿演化的历史进程。

课文《鲸》条理清晰，从外形特点、进化过程、种类、生活习性等方面介绍了鲸的特点。"通常""比较""主要"等词穿插于全文各个自然段，反映了鲸普遍的生活情况和习性，体现了说明文用词的准确性。由于鲸距离学生生活较远，所以课文运用了列数字、举例子、作比较、打比方的说明方法，形象地将距离我们生活较远的濒危动物的特点介绍清楚。

课文《松鼠》抓住了松鼠乖巧驯良的外形特点、机警敏捷的行为特征、高超的搭窝技巧进行细致生动的介绍，字里行间蕴含着作者对松鼠的喜爱之情。

第1自然段从总体入手，介绍松鼠是一种漂亮的动物，乖巧、驯良、讨人喜欢。接着从面容、眼睛、身体、四肢、尾巴和吃相等方面介绍松鼠的外形特点。第2自然段介绍了松鼠的活动范围和生活规律：松鼠经常在高处活动，并且白天休息，夜晚才出来活动。第3自然段侧重表现它机警敏捷的行为特征，从"有人触动一下松鼠所在的大树"时的反应来表现它的机警，从它蹦跳的动作表现它的敏捷，从它喜欢秋存冬粮来表现它的聪明。第4自然段介绍了松鼠搭窝的经过，从选址、建造及窝口的特点来表现它的聪明能干。第 5 自然段介绍了松鼠的生育情况、换毛时间及爱干净的生活习性,从另一个方面说明松鼠为什么讨人喜欢。

课文融知识性、科学性、趣味性于一体,以准确说明为前提,以形象化描写为手段,语言生动形象、用词准确、表达有序,让我们不用看图也能想象出松鼠的样子,读起来轻松愉悦,同时能让人对松鼠顿生喜爱之情。

(二) 单元教学目标

1. 认识"钝、仪、驯、矫"等 20 个生字,会写"驯、秀、谈、钝"等 31 个字,会写"松鼠、乖巧、恐龙、笨重"等 33 个词语。

2. 能搜集灭绝动物的资料,提取资料中的重要信息,组织语言简要复述动物的演化过程或灭绝原因。

3. 能交流、总结说明性文章的特点,体会使用不同说明方法的作用,初步感受说明性文章不同的语言风格。

4. 能运用基本的说明方法,从不同方面有序地将一种熟悉的动物的特点介绍清楚。

(三) 教学实施规划

1. 单元教学实施规划

表 2-2　单元教学实施规划

任务	学习要点	内容	课时
制作"动物纪念碑"	1. 认识"钝、仪"等 12 个生字,会写"笨、钝"等 15 个字,会写"恐龙、笨重"等 14 个词语。 2. 能提取、整理信息,用列表格的方式,借助时间词和关键信息来简要复述恐龙的演化过程。 3. 能体会说明文语言表达的准确性。 4. 能根据要求搜集相关信息,绘制动物画像,并用准确的说明性语言简要复述某个已灭绝动物的演化过程或灭绝原因,完成纪念碑制作。	《飞向蓝天的恐龙》	2
开设"动物救助站"	1. 初步了解列数字、作比较、打比方、举例子这四种基本的说明方法,能结合具体语句体会运用说明方法的作用。 2. 能用恰当的说明方法介绍清楚某种濒危动物的一个突出特点。 3. 了解动物濒危的原因、濒危程度,以动物为第一人称撰写呼吁词。	《鲸》	2

续表

任务	学习要点	内容	课时
建设"小小动物园"	1. 认识"驯、矫"等8个生字,会写"鼠、秀"等11个字,正确读写"松鼠、乖巧"等13个词语。 2. 比较阅读,了解说明性文章不同的语言风格。 3. 能根据不同的阅读对象,运用恰当的说明方法,介绍动物的不同方面,把动物的特点介绍清楚。 4. 能运用基本说明方法,从不同方面将一种熟悉的动物的特点介绍清楚。	《松鼠》	3

2. 课时教学计划

表2-3　课时教学计划

课时	教 学 要 点
第1课时	1. 教学《飞向蓝天的恐龙》,指导学生梳理时间词和关键信息,并借助表格简要复述恐龙的演化过程。 2. 指导学生感受说明文语言的准确性、严谨性。
第2课时	1. 指导学生查找已灭绝动物的相关资料,运用一定的方法阅读材料,用简明扼要的语言清楚地介绍某一动物的演化过程或灭绝原因。 2. 布置任务:为灭绝动物配上画像,制作"动物纪念碑"。 3. 将学生作品进行展出,布置"动物纪念碑"展板。
第3课时	1. 教学《鲸》,指导学生阅读、梳理、归纳课文从哪几方面介绍了鲸。 2. 初步了解列数字、作比较、举例子、打比方等基本的说明方法,能结合具体语句阐述运用说明方法的好处。 3. 指导阅读"阅读链接",分析鲸濒临灭绝的原因。
第4课时	1. 运用恰当的说明方法介绍清楚某一种濒危动物某一方面的特点。 2. 指导学生查找资料,分享交流其濒危的原因以及保护它们的方法。 3. 指导学生以动物为第一人称的口吻写呼吁词。 4. 将学生作品进行展出,补充"动物救助站"展板。
第5课时	1. 教学《松鼠》,指导学生梳理、归纳课文从哪几方面介绍松鼠。 2. 通过比较阅读,指导学生体会说明性文章不同的语言风格。
第6课时	1. 指导学生列写作提纲,从不同方面、运用恰当的说明方法介绍一种熟悉的动物。
第7课时	1. 指导学生完成一篇习作。 2. 指导学生根据要求修改。 3. 用学生修改好的习作布置"小小动物园"展板。 4. 制作"动物博物馆"展板,组织学生参观学习。

(四) 学习路径

首先,学习课文《飞向蓝天的恐龙》,学会用列表格的方式,借助表示时间的词语和关键语句,简要复述恐龙的演化过程,包括其经历的时期、演化情况和演化结果。查找一种已灭绝动物的资料,了解其生存的时代、灭绝的时间等,用准确的语言简要复述动物的演化过程或灭绝原因,并根据对已灭绝动物外形特点的了解,为它画像,制作"动物纪念碑"。

其次,学习课文《鲸》,知道可以从哪几方面介绍动物,了解运用多种说明方法的好处,体会说明文用词准确的特点。通过搜集、整理濒危动物的资料,了解其特点,运用准确的语言和恰当的说明方法介绍清楚这一动物的某一个特点。再根据动物濒危的原因、濒危程度,思考救助这种动物的方法,以动物为第一人称呼吁人们多多保护濒危动物,开设"动物救助站"。

再次,学习课文《松鼠》,了解依据阅读对象不同,说明性文章的语言可呈现不同的风格。运用恰当的说明方法,以准确的说明性语言,分段介绍某种熟悉的动物的不同方面,写清楚动物的特点,以这种动物为题完成习作,建设"小小动物园"。

最后,完成"动物博物馆"的组建,供学生参观,相互学习。

核心问题设计为:如何运用准确的语言和恰当的说明方法,从不同方面将一种动物的特点介绍清楚?

为了解决这个核心问题,设计问题链如下:

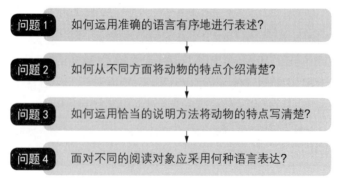

图 2-2   问题链

（五）具体实施方案

1. 各项任务与问题链的设计

表 2-4　各项任务与问题链设计

任务	问题链
核心任务： 创建"动物博物馆"	**核心问题：** 如何运用准确的语言和恰当的说明方法，从不同方面将一种动物的特点介绍清楚？
任务一： 制作"动物纪念碑"	问题1：如何运用准确的语言有序地进行表述？
任务二： 开设"动物救助站"	问题2：如何从不同方面将动物的特点介绍清楚？ 问题3：如何运用恰当的说明方法将动物的特点写清楚？
任务三： 建设"小小动物园"	问题2：如何从不同方面将动物的特点介绍清楚？ 问题3：如何运用恰当的说明方法将动物的特点写清楚？ 问题4：面对不同的阅读对象应采用何种语言表达？

2. 各项任务实施阐述

针对任务一"制作'动物纪念碑'"，教师通过教学《飞向蓝天的恐龙》，教学生提取关键词，梳理表格，引导学生借助表格简要复述恐龙向鸟类演化的过程。借助问题"如何运用准确的语言有序地进行表述？"开展教学，品读课文中严谨的说明性语言，体会课文的有序表达。课后让学生自主使用信息技术搜集、整合已灭绝动物的资料，了解其生存的时代、灭绝的时间等，用所学方法有序地简要复述这一灭绝动物的演化过程或灭绝原因，并绘制动物画像，制作"动物纪念碑"。

针对任务二"开设'动物救助站'"，教师通过教学《鲸》，带领学生梳理可以从哪些方面将动物的特点介绍清楚，通过品读介绍鲸特点的语句，让学生说一说运用说明方法来描写动物特点的好处。课后让学生仿照课文用上恰当的说明方法，将一种濒危动物的某一个特点介绍清楚。最后让学生用所学方法搜集、整合资料，总结动物濒危的原因和保护动物的方法，以动物的角度来撰写呼吁词，开设"动物救助站"。

针对任务三"建设'小小动物园'"，教师通过教学《松鼠》，让学生再次感受到可以从不同方面、运用恰当的说明方法，有序地将动物的特点介绍清楚；并让学生比较阅读其他说明性文字，直观感受到说明文语言风格的不同，从而进一步体会面对不同的阅读对象，可以采用不同的语言表达。课后观察一种身边的动物，针对特定的阅读对象，以某某动物为题，完成一篇说明文习作。

完成以上三个任务的教学实施后，将三部分内容展出，完成"动物博物馆"的创建，并在指导学生修改、互相借鉴学习的过程中提高学生的实际表达和运用能力。

任务一：制作"动物纪念碑"

（1）任务要点

学习课文《飞向蓝天的恐龙》，梳理恐龙向鸟类演化的时间词和关键语句，借助表格简要复述恐龙的演化过程。课后，查找一种已灭绝动物的资料，制作"动物纪念碑"，写清楚动物生存的时代、灭绝的时间，用准确的语言简要复述动物的演化过程或灭绝原因，并根据对已灭绝动物外形特点的了解，为它画像。

（2）操作流程

文本学习　借助时间词和关键语句，简要复述恐龙向鸟类演化的过程。

拓展资料　查找一种已灭绝动物的资料，用所学方法筛选、整理资料。

配图建碑　为已灭绝动物制作"动物纪念碑"，写清楚动物生存的时代、灭绝的时间，用准确的说明性语言简要复述动物的演化过程或灭绝原因，为它配上画像。

图2-3　学习任务一的操作流程

根据实用性阅读要求，结合任务驱动的形式，完成以下活动任务。

① 简要复述恐龙演化成鸟类的过程。

学习课文《飞向蓝天的恐龙》，通过列表格的方式，找到与恐龙向鸟类演化有关的时间词、表示其状态变化的关键词句，筛选信息，完成恐龙演化过程的梳理，并能按照一定的顺序简要复述其演化过程。

② 筛选、整理资料。

选择一种已灭绝的动物,查找资料,用列表格、找关键词的方法梳理关键信息,了解已灭绝动物的演化过程或灭绝原因。

③ 制作"动物纪念碑"。

根据搜索到的资料,请学生制作"动物纪念碑":先请学生根据动物的外形特点为它画一幅画像;再为它写一段介绍词,写清楚它生存的时代、灭绝的时间,用准确、简要的语言阐述它的演化过程或灭绝原因。

在以上三个环节的学习成果的基础上,初步完成"动物纪念碑"板块的设计与制作。

（3）教学片段

《飞向蓝天的恐龙》教学片段1:指导学生梳理"恐龙演化成鸟类"的过程,借助表格简要复述这一假说。

● 创设情境。

师:今天我们来到恐龙博物馆,担任解说员,需要向参观者简单扼要地介绍科学家提出的关于"恐龙演化成鸟类"的假说。

● 提出要求:为了说清楚演化过程,我们先要找到恐龙飞向蓝天经历了哪几个时期?

● 组织学生交流。

▲预设:分为4个时期,分别是:第一种恐龙出现;繁衍成形态各异的大家族;一些猎食性恐龙的身体逐渐变小;学习飞行。

> **说明**:引导学生聚焦重点段落,并把握恐龙向鸟类演化的关键阶段,有利于学生理清恐龙演化的过程,为后面简明扼要地介绍恐龙飞向蓝天的演化过程奠定基础。

● 请学生默读课文第四自然段,记录下恐龙的特点。

完成表格:

师:恐龙在演化过程中有哪些不同的特点?请四人小组合作找一找,完成表格。

交流表格:

大约两亿四千万年前，第一种恐龙出现

⬇

数千万年后，恐龙后代繁衍成一个＿＿＿＿＿＿＿＿

⬇

恐龙家族中的一些猎食性恐龙＿＿＿＿＿＿

↙　↘

可能是树栖的恐龙＿＿＿＿＿＿＿＿＿＿＿＿，慢慢具备了滑翔能力	也可能是生活在地面上的带羽毛的恐龙，＿＿＿＿＿＿＿＿＿

↙　↘

根据以上科学家们的推测，原本不会飞的恐龙最终变成天之骄子——鸟类，飞向了蓝天

● 引导学生根据表格简要复述恐龙飞向蓝天这一假说。

▲预设：大约两亿四千万年前，地球上的第一种恐龙出现了，它们大小似狗，形态似鸵鸟。数千万年后，恐龙后代繁衍成一个形态各异的庞大恐龙家族，它们有的用两足奔跑，有的则用四足行走。有些恐龙身长几十米，重达数十吨；有些恐龙身材小巧，体重不足几公斤。有些恐龙凶猛异常，茹毛饮血；有些恐龙则温顺可爱，以植物为食。后来，其中的猎食性恐龙的身体逐渐变小，越来越像鸟类：骨骼中空，身体轻盈；脑颅膨大，行动敏捷；前肢越来越长，能像鸟翼一样拍打；体表长出了美丽的羽毛，不再有鳞片或鳞甲。它们中一些种类转移到树上生存，渐渐具备了滑翔和飞行的能力。也有一种可能是生活在地面上的带羽毛的恐龙在奔跑中学会了飞翔。不管怎样，科学家认为，一种带羽毛的恐龙脱离同类，飞向了蓝天，演化出了今天的鸟类家族。

> 说明：教学时，借助表格梳理琐碎复杂的信息，搭设脚手架帮助学生理清恐龙演化的四个阶段以及每个阶段的特点，进一步培养了学生的分析、推理能力。后续学生搜索已灭绝动物的资料时，也会利用这样的方法进行信息的推理、提取，从而整合关键字词，为撰写"动物纪念碑"提供帮助。

《飞向蓝天的恐龙》教学片段 2：指导学生品读语句，体会用词的准确，体会说明性语言的准确表达。

● 引导学生品读恐龙演化第一阶段的句子。

出示两个句子：

地球上的第一种恐龙大约出现在两亿四千万年前。

地球上的第一种恐龙出现在两亿四千万年前。

引导学生比较，说一说这两个句子有什么不同。

小结：第一句有"大约"，表示不是很精确的估计；第二句没有"大约"，表示恐龙出现的时间是精确的。加上"大约"更能体现作者表达的严谨。

● 指导学生品读语句"科学家们希望能够全面揭示这一历史进程"，并说说对这句话的体会。

▲预设 1：这里有"希望""全面"说明现在科学家还没有全部了解这一历史进程。

▲预设 2：因为没有全面了解，了解时还有很多困难，所以加上了"希望"和"全面"，语言表达很严谨、很准确。

● 提出要求：请在课文中找到这样语言表达准确的句子，读一读，并说说自己的体会。

● 指导学生交流。

▲预设 1：其中，一些猎食性恐龙的身体逐渐变小，越来越像鸟类：骨骼中空，身体轻盈。

出示比较阅读的句子：猎食性恐龙的身体变小，长得像鸟类。

通过比较让学生明白："一些"是指恐龙的一个分支，而不是全部。"逐渐"指的是经过了较长时间的变化慢慢变小，不是一蹴而就的。

师：这些词语看似简单，其实让文章的表达又准确又严谨。

▲预设 2：科学家提出，鸟类不仅和恐龙有亲缘关系，而且很可能就是一种小型恐龙的后裔。

请学生交流："可能"等词语的运用，使文章的语言表达更准确、严谨。

因为实际情况不确定,用这些词准确反映了目前人类对恐龙和鸟类之间关系的认知。

……

总结:你们都是火眼金睛,发现了作者用语的准确和严谨,我们平时在向他人介绍一些事物时,也一定要注意自己语言的严谨性,不能完全确定的内容需要加入一些表示范围、可能性的词语。

> **说明**:这部分的教学依循恐龙向鸟类演化的关键阶段,有机地融入句子表达的赏析,让学生体悟到课文表达的科学严谨。在介绍恐龙大家族这个片段教学中,先引导学生发现表达上的特点,再引导学生迁移运用,注重语言的实践训练。

■ JIAOXUEPIANDUAN ■

《飞向蓝天的恐龙》教学片段3:拓展延伸,指导学生制作纪念碑。

指导学生查看已完成作品,明确内容要素。

师:上节课,老师请大家课后去查找一种灭绝动物的资料,并制作纪念碑,有同学已经完成了这项任务,我们一起来看一看他的介绍词。

> 生活在"中新世"初期(约1500万年前)欧亚大陆和北美的巴博剑齿虎,在"更新世"末期已经灭绝。根据发现的化石,可以推测巴博剑齿虎非常强壮,据说它给人的感觉就好像狮子和熊的混合体,体长可达2米,体重将近200公斤,头部的犬齿长达22厘米。据科学家推论,它灭绝的原因可能有两个,一是因为表亲刃齿虎和后代锯齿虎不断竞争导致族群减少,二是由于无法适应环境的变化。
>
> 由于生活的环境不断发生巨大变化,为了适应环境,巴博剑齿虎也在经历着进化。为了能在更少食物的环境下生存,它们不断减少食量,体型也随之变小。巨大的犬牙给它们的头部带来了负担,所以开始逐渐消失。为了能够在森林里自由活动时更好地保持身体平衡,剑齿虎的尾巴变得越来越长。最终,它们的后代就完全演化成了如今生活在马达加斯加的长岛长尾狸猫。巴博剑齿虎一族也就消失了。

思考：他写到了有关剑齿虎的哪些内容？

▲预设：① 生存的时代，灭绝的时间。

② 剑齿虎的外形。

③ 剑齿虎演化成长尾狸猫的过程。

④ 剑齿虎灭绝的原因。

辨析：这些内容都需要写在纪念碑上吗？为什么？

▲预设1：生存的时代和灭绝的时间是需要写的，因为这是已经灭绝的动物，写了可以让读者更清楚它原来生活在哪个时代。

▲预设2：动物的外形是不需要写的。很多已灭绝动物的外形都是根据化石推测出来的，不一定完全正确，而且任务单中已经有动物的画像了，不需要再写一遍。

师：纪念碑的介绍词要简明扼要，介绍主要内容，已经配有图画的动物外形不需要再做赘述。

▲预设3：我觉得动物灭绝的原因要写，这样读者才能更清楚地知道动物为什么会消失在历史的长河里。

▲预设4：演化的过程也需要写。他写了剑齿虎演化成长尾狸猫的过程，就像课文里恐龙演化成鸟类的过程一样，所以我们也可以写灭绝动物演化成其他动物的过程。

师：恐龙和剑齿虎的演化过程都是科学家根据挖掘出的化石进行的推论，这只是一种假说，所以介绍时语言表达要准确。

老师还有一个建议，介绍词最好先报上动物的名字，让读者马上知道是哪一种灭绝动物。比如，巴博剑齿虎生活在"中新世"初期（约1500万年前）的欧亚大陆和北美地区。

小结：所以在纪念碑上，要写清楚动物生存的时代、灭绝的时间，可以介绍它的演化过程，也可以介绍灭绝原因。

（4）任务推荐表

图 2-4 "纪念碑"任务

任务二：开设"动物救助站"

（1）任务要点

　　学习课文《鲸》，了解如何从不同方面介绍清楚一种动物的特点。明确一种濒危动物，搜集并筛选相关资料，运用恰当的说明方法，将这种濒危动物最大的一个特点写清楚。了解动物濒危的原因、濒危程度，以及人们救助这种动物的方法，以动物为第一人称撰写呼吁词，开设"动物救助站"。

（2）操作流程

文本学习	知道可以从不同方面将动物介绍清楚，体会运用举例子、列数字等说明方法的作用。
拓展学习	运用恰当的说明方法，将一种濒危动物的某个特点写清楚。
总结撰写	了解动物濒危的原因、濒危程度，以及人们救助它们的方法，以动物为第一人称撰写呼吁词。

图 2-5　操作流程图

　　根据实用性阅读要求，结合任务驱动的形式，完成以下活动任务。

　　① 了解说明文的语言特点。

　　学习课文《鲸》，通过本课的说明性语言描写，了解介绍动物可以从哪几方面展开；学习举例子、列数字、作比较、打比方这四种说明方法，能说出介绍动物特点时运用多种说明方法的作用；体会说明文用词准确的特点。

　　② 运用恰当的说明方法，介绍清楚濒危动物的某个特点。

　　选择一种濒危动物，通过查找、筛选、收集资料，了解这种动物的特点，学会运用恰当的说明方法，将距离我们生活较远的濒危动物的某个特点介绍清楚。

　　③ 了解动物濒危的原因、濒危程度以及人们救助它们的方法，以第一人称的角度撰写呼吁词，开设"动物救助站"。

　　根据前两个环节的学习，学生对说明文的语言特点和濒危动物的特点有所了解,现在需要学生进一步了解动物濒危的原因、濒危程度,知道环境、气候以及人类活动对它们的影响,分析人们应该如何保护它们,尝试提出救助这种动物的方案,以动物为第一人称撰写呼吁词,开设"动物救助站"。

在以上三个环节的学习成果的基础上,初步完成"动物救助站"板块的设计与制作。

（3）教学片段

《鲸》教学片段1:学习作者是如何从不同方面,运用不同的说明方法介绍鲸的。

1. 整体感知,指导学生梳理作者从哪些方面介绍鲸。

● 引导学生整体感知课文。

师:自读《鲸》,想一想作者介绍了鲸鱼哪些方面的内容。

引导学生通过概括每段段意,初步了解文章内容,对信息进行初步归纳。

▲预设:文章主要写了鲸鱼的外形、进化过程、种类、生活习性和繁殖。

小结:如果我们要写一篇介绍动物的文章,就可以学着这样的方法,按一定的顺序,分段介绍动物的不同方面。

● 分组讨论:作者写出了鲸的什么特点? 又是运用怎样的方法把这些特点介绍清楚的?

● 小组汇报交流,师生共同提取关键词。

【教师随机板书:体型庞大】

▲预设1:作者为了把鲸体形大的特点写清楚,列了很多数字,比如"已知最大的鲸约一百六十吨重","我国发现过一头近四十吨重的鲸,约十八米长",这些数字让我直观感受到鲸的体形很庞大。

师:为了写出动物的某个特点,我们可以用数字来直观表示,这样更具有说服力和准确性。

▲预设2:作者还把鲸同大象作比较,我认为大象已经是很大的动物了,但是鲸比象还要大得多。而且鲸的舌头就有十几头大肥猪那么重,这让我感到非常吃惊。

师：对，当介绍的这种动物不是我们常见的，就可以和身边熟悉的事物进行比较，这样比较直观。

【教师板书：捕食凶猛】

▲预设3：在第四自然段中，作者为了讲清楚齿鲸的捕食方式，不仅具体写出了它们捕食大鱼和海兽的过程，还特别列举了号称"海中之虎"虎鲸捕食长须鲸的例子来加以说明。

师：在介绍动物时，举一个典型的例子是我们经常用的方法。我们继续交流。

【教师板书：由哺乳动物进化而成】

▲预设4：我还有补充，作者具体地写出了鲸是怎么用肺呼吸的，来说明它不属于鱼类。他又形象地写出了它喷出的水柱形状的不同，来进一步说明不同种类和大小的鲸喷出的水柱的形状也是不一样的。

师：是啊，作者运用了打比方的说明方法把鲸的特点介绍清楚了。我们在介绍动物时，由于不确定读者是不是都熟悉且认识这种动物，可以用上恰当的说明方法，把动物的特点写清楚。

2. 布置作业。

选择一种濒危动物，运用恰当的说明方法介绍清楚它的某个特点。

......■ JIAOXUEPIANDUAN ■......

《鲸》教学片段2：指导学生阅读补充资料，尝试以动物为第一人称写呼吁词。

1. 根据补充资料梳理信息。

● 默读资料，提取鲸濒临灭绝的原因。

师：鲸的有些分支濒临灭绝，请同学们仔细阅读资料袋，想一想：鲸为什么会濒临灭绝？

【资料袋】

鲸搁浅事件在世界范围内频繁发生，这正成为鲸数量不断减少的一大关键因素。环境污染加剧，污染海水的化学物质可能扰乱了鲸的感觉；军舰声呐和回声控测仪所发出的声波及水下爆炸的噪声，会使鲸的回声定位系统发生紊乱，从而使受惊的鲸纷纷搁浅。

不断飙升的海洋气温，使适合鲸类动物生存的环境不断缩小。气候变化导致鲸栖息地环境变化，从而减少了其食物来源。因此，近几年来大量鲸正在遭受着饥饿的威胁。

不仅如此，捕鲸活动依然猖獗。捕鲸与反捕鲸行动是一场持久战。尽管反捕鲸行动取得一定成效，但令人惋惜的是鲸的数量并没有明显恢复。在经受了几经起伏的捕鲸潮的摧残后，鲸的身影正逐渐消失在大海的深处。

（小组讨论，大组交流）

▲预设：① 鲸的搁浅：污染海水的化学物质可能扰乱了鲸的感觉；军舰声呐和回声控测仪所发出的声波及水下爆炸的噪声，会使鲸的回声定位系统发生紊乱。

② 气候变暖：不断飙升的海洋气温，使适合鲸类动物生存的环境不断缩小；气候变化导致鲸栖息地环境变化，从而减少了其食物来源。

③ 人类杀戮：几经捕鲸潮的摧残，鲸的数量并没有明显恢复。

● 请学生同桌讨论：找到了鲸濒临灭绝的原因，思考救助的方法。

▲预设：科学家寻找改善污染方法，探索阻止气候变暖的途径，制定法令，严禁杀戮鲸，如果有这样的行为，从严惩处……

师：根据动物濒危的原因，你们想到了很多救助的方式，现在我们要呼吁更多的人来保护动物。

> 说明：本单元的第二个任务为开设"动物救助站"，对象是濒危动物。学生应先了解动物濒危的原因，再思考相应的救助方法。课文《鲸》并未阐述以上内容，所以由教师提供资料，指导学生通过阅读资料袋，学习搜集相关资料，学会从中提取信息、筛选信息，最后整理信息，并重新组织语言，以动物为第一人称来介绍其濒危的原因以及救助、保护它们的方法，以此进行呼吁。

2. 布置作业。

继续查找上节课已经确定的濒危动物的资料，了解其濒危的原因，思考救助它们的方法。以这种动物为第一人称撰写呼吁词，告诉人们它们濒危的原因，可以如何保护，并写在任务单中的"请你帮帮我"板块。

（4）任务推荐表

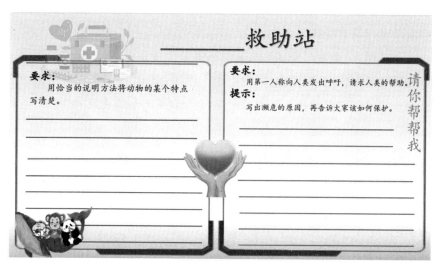

_____救助站

要求：
　用恰当的说明方法将动物的某个特点写清楚。

要求：
　用第一人称向人类发出呼吁，请求人类的帮助。
提示：
　写出濒危的原因，再告诉大家该如何保护。

请你帮帮我

图 2-6 "救助站"任务

任务三：建设"小小动物园"

（1）任务要点

　　学习《松鼠》，了解根据阅读对象不同，说明性文章的语言可呈现不同的风格。课后，学习运用恰当的说明方法，以准确的说明性语言，从不同方面有序介绍清楚某种熟悉的动物，以某一动物为题，独立完成习作，创建"小小动物园"。

（2）操作流程

文本学习　继续学习运用恰当的说明方法，以准确的说明性语言，从不同方面有序介绍某种动物。

比较阅读　了解根据阅读对象，说明文可以呈现不同的语言风格。

独立撰写　用学会的方法介绍一种熟悉的动物，完成习作，传递自己对动物的某种情感。

图 2-7 操作流程图

根据实用性阅读要求,结合任务驱动的形式,完成以下活动任务。

① 继续学习运用恰当的说明方法,以准确的说明性语言,从不同方面有序介绍某种动物。

学习课文《松鼠》,知道课文从哪几方面介绍了松鼠,分析关键语句,了解作者通过列数字、作比较、打比方等方法介绍清楚了动物的特点,感受作者字里行间蕴含的对松鼠机智聪明、敏捷能干的喜爱之情。

② 了解根据阅读对象,说明文可以呈现不同的语言风格。

比较《松鼠》和《中国大百科全书》的语言,知道阅读对象不同,说明性文章呈现的语言风格也不同,可以平实,也可以生动活泼。学生可以用平实的语言直接点明动物的特点,并用恰当的说明方法补充解释其特点,让读者更快地了解;也可以以准确说明为前提,以形象化描写为手段,用生动有趣的语言介绍动物的特点,传递自己对动物的情感。

③ 介绍一种熟悉的动物,传递自己对动物的某种情感。

首先,选择一种熟悉的动物,仔细观察,充分了解这种动物,明确从哪几个方面介绍这种动物的哪些特点。然后,根据介绍内容列出写作提纲,尝试用上恰当的说明方法对其特点进行解释,将这种动物的特点介绍清楚,表达自己的情感。

(3) 教学片段

《松鼠》教学片段1:组织学生对比阅读,体会不同的语言风格。

▲过渡:在介绍同一种事物时,不同的语言会呈现出不同的效果。

● 出示《中国大百科全书》语句,与课文比较阅读。

师:请同学们读读《中国大百科全书》这组句子,找到《松鼠》这一课相对应的内容。

出示《中国大百科全书》中的句子:

① 松鼠体形细长,体长17—26厘米,尾长15—21厘米,体重300—400克。

② 松鼠在树上筑巢或利用树洞栖居,巢以树的干枝条及杂物构成,直径约50厘米。

③ 松鼠每年春、秋季换毛。年产仔2—3次,一般在4、6月产仔较多。

● 指导学生比较阅读。

师：《中国大百科全书》和课文对松鼠特点的描述，在表达上有什么不同？各有什么好处？

▲预设1：《中国大百科全书》第一句话特别简洁，讲出了松鼠的体长、尾长和体重分别是多少，我读完可以马上了解松鼠的外形特点。而课文中作者把松鼠的尾巴比作帽缨，很形象。作者还写了松鼠可以躲在自己的尾巴下面歇凉，写得很生动，很有趣。作者形容松鼠"面容清秀"，我觉得这个词一般是用来形容人长得漂亮、清秀，这里把松鼠当成人来写了，很有意思。

师：同样是写外形，《中国大百科全书》用了具体的数字来介绍，用词准确、严谨，而课文采用的是抓住特点具体描述，这是两种不同的语言风格。

▲预设2：《中国大百科全书》第二句话语言也非常简练，讲清楚了松鼠搭窝的地点、所用的材料、窝的大小。而课文还具体写了松鼠是怎么搭窝的，用了很多动词，让我仿佛看到了松鼠搭窝的场景，我觉得松鼠真是聪明能干！

▲预设3：《中国大百科全书》第三句话用词很严谨，让我对松鼠换毛、繁殖情况有了大致的了解。而读了课文的第五自然段，我还感受到松鼠是一种爱干净的小动物。

小结：说明文语言的特点可以像《松鼠》一样活泼，也可以像《中国大百科全书》里的内容一样简洁明了，表达方式没有好坏之分。当我们自己写作的时候，要考虑阅读对象以及读者的需求，采用最恰当的表达方式和说明方法把事物介绍清楚。

> **说明：** 让学生比较阅读《中国大百科全书》和课文对松鼠不同特点的描述，直观地让学生感受到针对不同的阅读对象，说明文语言风格是不同的。大百科全书注重科普，所以语言简单明了，用数据说话；而课文面对学生，想激发学生对动物的喜爱之情，所以语言生动活泼。

························ ■ JIAOXUEPIANDUAN ■ ························

《松鼠》教学片段2：指导学生用说明的方法介绍一种熟悉的动物。

1. 归纳提炼内容要素，列出说明文的写作提纲。

● 归纳提炼内容要素。

指导学生提炼介绍动物的内容要素。

师：在这个单元中，我们学习了两篇介绍动物的说明性文章《松鼠》和《鲸》，还记得作者分别介绍了什么内容吗？

▲预设：《松鼠》介绍了外形、性格、生活习性、繁殖；

《鲸》介绍了外形、进化过程、种类、生活习性、繁殖。

点拨：生活习性在这里指的是松鼠的活动范围、作息、搭窝等内容。

指导学生比较异同。

师：同样是写动物，这两篇文章在写作内容上有什么相同和不同？

▲预设：作者都介绍了动物的外形、生活习性和繁殖。不同的是布封还介绍了松鼠的性格，《鲸》介绍了它们的进化过程和种类。

小结：一般来说，介绍动物可以介绍它们的外形、生活习性和繁殖等方面。但是不同的动物都有不同的特点，比如鲸是哺乳动物，但很多人会误以为是鱼类，所以作者需要再介绍一下鲸的进化过程。因此，除了通常介绍的这些内容，还可以根据自己的写作目的选择其他内容介绍。

● 根据内容理清写作顺序，指导列提纲。

根据示例，引导学生发现介绍动物的写作顺序。

师：写作前列提纲可以帮助我们理清思路，有同学就为自己的习作列了提纲，请大家看一看、说一说：他的内容选取和写作顺序怎么样？ 有没有需要修改完善的地方？

题目：猫咪
- 外形：体形、皮毛、眼睛
- 繁殖：胎生、通常一胎生4—6只
- 本领：捕鼠高手
- 习性：饮食

▲预设1：我觉得他从四个方面介绍了猫的特点，罗列了要介绍的内容，条理很清晰，但是内容不够完整，外形方面可以再介绍一些有特色的部位，可以和后文的本领相照应，例如猫的肉垫、尾巴、胡须等。习性介绍也太少了，我觉得还可以加入猫平时的作息和它的脾气。

师：列提纲时，要从不同方面分条陈述，还要理清楚具体写动物的哪些特点。

▲预设2:我觉得他的顺序可以调整一下,应该先写外形,再写生活习性和本领,最后写繁殖。因为作者最先看到,也最容易观察的就是猫的外形,而生活习性和繁殖是需要长时间观察才能了解的。繁殖与动物的生命延续有关,意义更为重大,所以应该放在最后介绍。

小结:通常,我们先看到动物的外表,这是我们对它的第一印象,然后再经过长时间的观察,去了解它的生活习性、繁衍方式,所以说明文在写作顺序上有这样的规律:由外到里,由浅入深。

根据确定的习作对象,指导学生列出写作提纲。

师:请同学们也根据自己确定的介绍对象,完成这份提纲。

2. 指导学生根据阅读对象选择语言风格。

师:现在我们了解了如何介绍身边的动物,那对来"动物博物馆"参观的弟弟妹妹和你们的同龄人介绍时,我们还要注意些什么呢?

▲预设1:弟弟妹妹缺少相关知识,读不懂很深奥的内容,所以我们可以像课文《松鼠》一样,写得活泼生动一些,这样既能引起弟弟妹妹的兴趣,又能让他们喜欢上这种动物。

▲预设2:我们四、五年级学生了解的知识更多,很多动物的特点对我们来说是常识,读了文章并不能收获新知识。所以我们需要去查阅更多资料,介绍大家不太熟悉的特点,以科普为主,可以用平实的说明性语言,更有说服力,也更清楚明了。

▲预设3:我还有补充,介绍时可以先概括后具体,每段交代要写这种动物的什么特点,然后用上恰当的说明方法展开介绍,这样能使文章一目了然。

师:根据不同的阅读对象,我们可以选择不同的语言风格,目的都是让读者更好地看懂我们的文章,帮助他们了解更多的动物。

3. 布置作业。

请你选择阅读对象,确定你熟悉的一种动物,运用恰当的说明方法,从不同方面介绍清楚它的特点。以这种动物为题,完成习作。

（4）任务推荐表

要求：

1. 根据选择的阅读对象，用恰当的语言风格来介绍身边的或熟悉的一种动物。

2. 选用恰当的说明方法，分段介绍动物的不同方面，写清楚这种动物的特点。

3. 以这种动物的名字为题，完成习作。

动物观察员：

图 2-8　习作任务

（六）资源建设

学生自主阅读可选择以下图书：

《中国少儿必读金典：动物世界大百科》，龚勋编，天地出版社。

网络搜索资源：有关已灭绝动物、濒危动物和常见动物的纪录片、博物馆记载资料、百科等。

影视资源：纪录片《史前世界：恐龙王朝》《地球脉动》。

（七）评价方案

表 2-5　评价方案

项目名称	评 价 标 准				得分
	优秀(10—9)	良好(8—7)	合格(6—5)	须努力(4—0)	
制作"动物纪念碑"	1. 以纪念碑的碑文形式，将一种已经灭绝的动物的演化过程（时间、原因、经过、结果）写清楚，语句通顺、有条理。 2. 根据特点配上画像，画像完全契合文字内容。	1. 以纪念碑的碑文形式，将一种已经灭绝的动物的演化过程（时间、原因、经过、结果）较清楚地写出，且语句较通顺、有条理。 2. 根据特点配上画像，画像较符合文字内容。	1. 以纪念碑的碑文形式，将一种已经灭绝的动物的演化过程（时间、原因、经过、结果）大致写出，语句较通顺，有条理。 2. 根据特点配上画像，画像大致符合文字内容。	1. 以纪念碑的碑文形式呈现，但未将一种已经灭绝的动物的演化过程（时间、原因、经过、结果）写清楚，语句不够通顺，条理不够清晰。 2. 根据特点配上画像，画像基本符合文字内容。	
开设"动物救助站"	1. 运用恰当的说明方法，将濒危动物的某一特点介绍清楚。 2. 根据搜集的资料提取信息，了解动物濒危的原因、濒危程度，能以第一人称的角度呼吁、说清人们可以如何救助这种动物。	1. 运用较恰当的说明方法，将濒危动物的某一特点介绍清楚。 2. 根据搜集的资料提取信息，了解动物濒危的原因、濒危程度，能以第一人称的角度较清楚地呼吁人们，让他们知道可以如何救助这种动物。	1. 能运用说明方法，将濒危动物的某一特点大致介绍清楚。 2. 根据搜集的资料提取信息，了解动物濒危的原因、濒危程度，能以第一人称的角度让读者大致明白如何救助这种动物。	1. 未能运用恰当的说明方法将濒危动物的某一特点介绍清楚。 2. 根据搜集的资料提取信息，了解动物濒危的原因、濒危程度，让读者大致明白如何救助这种动物，但未能以第一人称的角度进行呼吁。	
建设"小小动物园"	1. 观察熟悉的一种动物，从不同方面，运用恰当的说明方法，把身边的或者熟悉的一种动物的特点介绍清楚。 2. 以合适的语言风格进行介绍。	1. 观察熟悉的一种动物，从不同方面，运用较恰当的说明方法，把身边的或者熟悉的一种动物的特点较清楚地进行介绍。 2. 以合适的语言风格进行介绍。	1. 观察熟悉的一种动物，从不同方面，能运用说明方法，把身边的或者熟悉的一种动物的特点大致清楚地进行介绍。 2. 以较合适的语言风格进行介绍。	观察熟悉的一种动物，从不同方面，运用说明方法，但未把身边的或者熟悉的一种动物的特点介绍清楚。	

（八）学生成果展示

1. 制作"动物纪念碑"

图 2-9 "纪念碑"任务学生作品 1

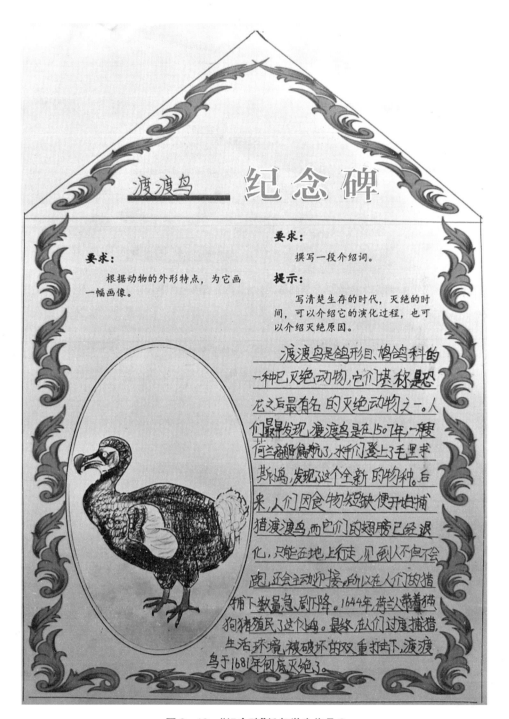

渡渡鸟 **纪念碑**

要求：

根据动物的外形特点，为它画一幅画像。

要求：

撰写一段介绍词。

提示：

写清楚生存的时代，灭绝的时间，可以介绍它的演化过程，也可以介绍灭绝原因。

渡渡鸟是鸽形目、鸠鸽科的一种已灭绝动物，它们堪称是恐龙之后最著名的灭绝动物之一。人们最早发现渡渡鸟是在1507年，一艘荷兰船偏航了，水手们登上了毛里求斯岛，发现了这个全新的物种。后来，人们因食物短缺便开始捕猎渡渡鸟，而它们的翅膀已经退化，只能在地上行走，见到人不但不会跑，还会主动迎接，所以在人们的猎捕下数量急剧下降。1644年荷兰带着猫狗猪殖民了这个岛。最终，在人们过度捕猎、生活环境被破坏的双重打击下，渡渡鸟于1681年彻底灭绝了。

图2-10 "纪念碑"任务学生作品2

2. 开设"动物救助站"

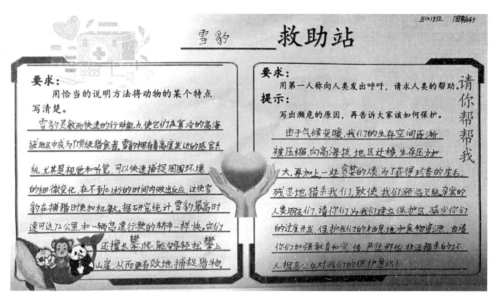

图2‑11　"救助站"任务学生作品1

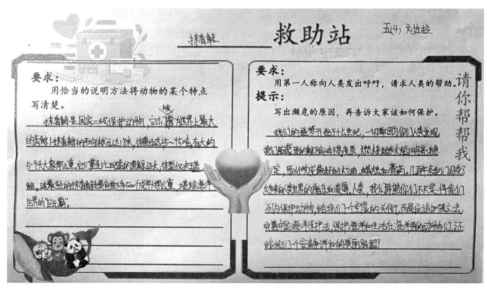

图2‑12　"救助站"任务学生作品2

3. 建设"小小动物园"

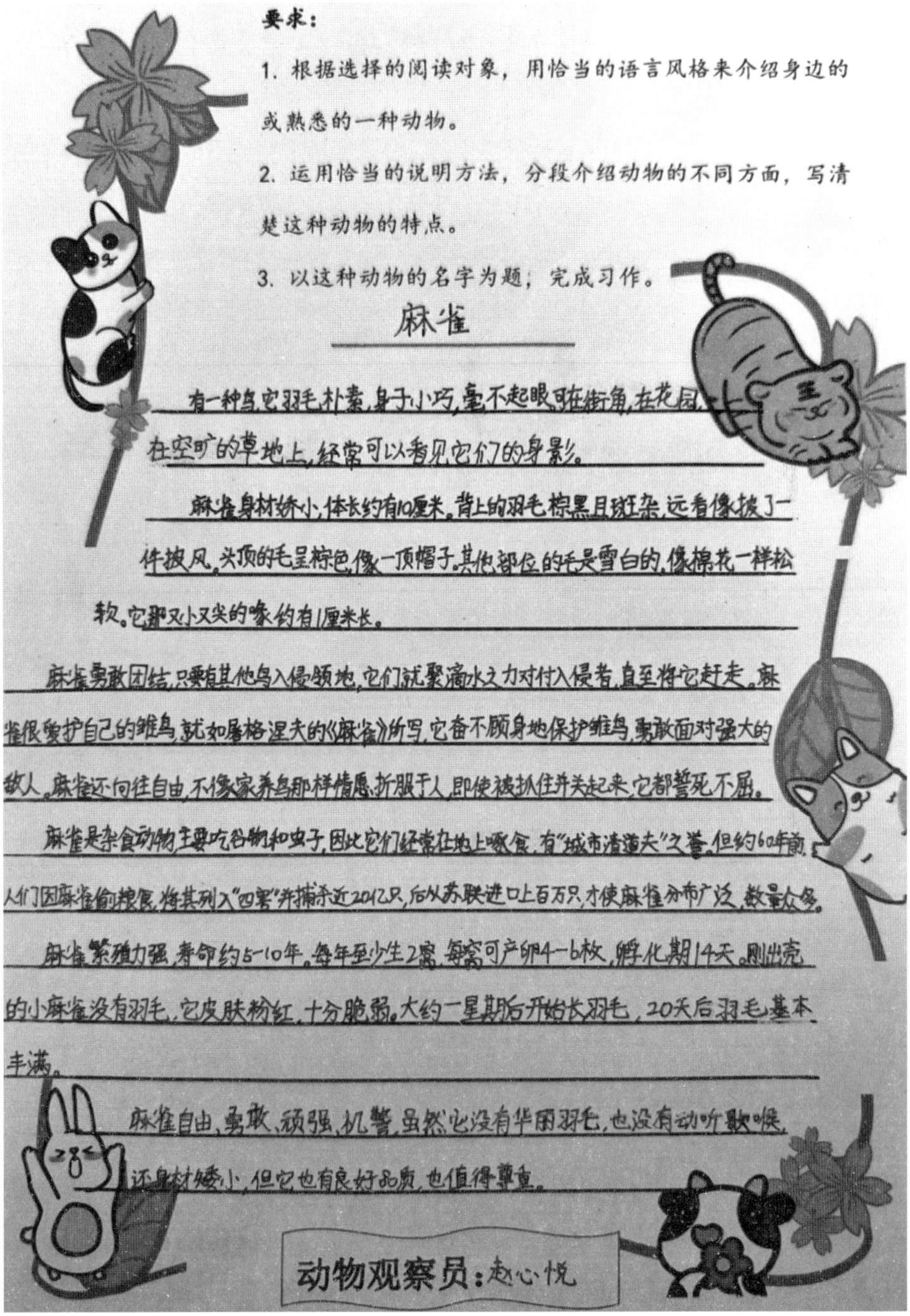

要求:

1. 根据选择的阅读对象，用恰当的语言风格来介绍身边的
或熟悉的一种动物。

2. 运用恰当的说明方法，分段介绍动物的不同方面，写清
楚这种动物的特点。

3. 以这种动物的名字为题，完成习作。

麻雀

有一种鸟它羽毛朴素，身子小巧，毫不起眼。在街角，在花园，
在空旷的草地上，经常可以看见它们的身影。

麻雀身材娇小，体长约有10厘米，背上的羽毛棕黑且斑杂，远看像披了一
件披风。头顶的毛呈棕色，像一顶帽子，其他部位的毛是雪白的，像棉花一样松
软。它那又小又尖的喙约有1厘米长。

麻雀勇敢团结，只要有其他鸟入侵领地，它们就聚渐众之力对付入侵者，直至将它赶走。麻
雀很爱护自己的雏鸟，就如屠格涅夫的《麻雀》所写，它奋不顾身地保护雏鸟，勇敢面对强大的
敌人。麻雀还向往自由，不像家养鸟那样情愿折服于人，即使被抓住并关起来，它都誓死不屈。

麻雀是杂食动物，主要吃谷物和虫子，因此它们经常在地上啄食，有"城市清道夫"之誉。但约60年前
人们因麻雀偷粮食，将其列入"四害"并捕杀近20亿只，后从苏联进口上百万只，才使麻雀分布广泛，数量众多。

麻雀繁殖力强，寿命约5-10年，每年至少生2窝，每窝可产卵4-6枚，孵化期14天，刚出壳
的小麻雀没有羽毛，它皮肤粉红，十分脆弱。大约一星期后开始长羽毛，20天后羽毛基本
丰满。

麻雀自由、勇敢、顽强、机警，虽然它没有华丽羽毛，也没有动听歌喉，
还身材矮小，但它也有良好品质，也值得尊重。

动物观察员：赵心悦

图 2-13 习作任务学生作品 1

要求：

1. 根据选择的阅读对象，用恰当的语言风格来介绍身边的或熟悉的一种动物。

2. 运用恰当的说明方法，分段介绍动物的不同方面，写清楚这种动物的特点。

3. 以这种动物的名字为题，完成习作。

<u>爱吃屎的昆虫——屎壳郎</u>

今天我要给大家介绍一种爱吃屎的昆虫，它就是众所周知的屎壳郎。据《本草纲目》记载，屎壳郎属于鞘翅目金龟甲科，学名叫蜣螂，另外，它还有许多别的有趣的名字，比如说：推丸客、推车客、黑牛儿……

全世界有2万多种屎壳郎，身长大约在1~2.5厘米之间，也算得上小型昆虫。据说最大的屎壳郎体长10厘米吧，大约1支水笔的长度，若把它摆在我面前，我一定会吓晕过去吧！它们全身黑，穿着一身铠甲，头上长着一对灵活的角触。圆形身体上长着3对足，每一对都很粗壮，活像一位大将军！屎壳郎在昆虫界算是大力士，能拖动比自己重一万倍的物体，就好比一个人同时拖动6辆80吨的巴士，真是太厉害了！它们以动物粪便为食，是"自然界的清洁夫"！

屎壳郎为什么喜欢吃屎？其实，它们并不是吃"屎"，而是食用屎中的营养。我在小区花园里，经常看到它们搬运自己的"粮食"——粪球。它们行为奇特，总是两两结队：一只前拉，一只后推，让粪球前滚动，通常都是一雌一雄，雌前雄后，配合默契。屎壳郎和人一样，也会爱护子女，宁愿自己辛劳也不让子女为食物而辛苦奔走：雌虫把卵产在粪球里，卵孵化后，宝宝便能吃到食物。因此，要说它是益虫，那太对了！它对子女有爱心，又帮我们清理了垃圾，我们不应该指责它，反之应爱护它！

屎壳郎不仅是"清道夫"，还有医药价值。我得知此事时惊呆了！《神农本草经》上记载，它功效是治疗……，长于化瘀和清热解毒治小儿惊风、疳疾等病，真是神奇的昆虫！

屎壳郎真是一种神奇、有意思、值得探索的昆虫啊！

<u>动物观察员</u>：杜周菜

图2-14 习作任务学生作品2

文学阅读与创意表达

一、内涵阐释

"文学阅读与创意表达"学习任务群的目标是培养学生文学鉴赏与创造的能力,丰富学生的情感体验,激发学生的想象力和创造力,提升审美情趣和积极向上的人生态度。它是在基础型学习任务群"语言文字积累与梳理"之上,将阅读、表达与交流整合其中,为语言文字积累与梳理和跨学科整合学习提供重要的基础。

本任务群要求教师设计真实的语言运用情境,通过一系列具有内在逻辑关联的任务驱动,引导学生在语文实践活动中,学习运用听说读写的知识与技能,积累语言经验,把握祖国语言文字的特点和运用规律;通过整体感知、联想想象,感受文学语言和形象的独特魅力,获得个性化的审美体验;了解文学作品的基本特点,欣赏和评价语言文字作品,提高审美品位;观察、感受自然与社会,表达自己独特的体验与思考,尝试创作文学作品。简言之,本任务群学习是在主题情境中,开展文学阅读与创意表达活动,积累和掌握阅读各类不同类型文学性作品的基本方法策略,从而感受文学之美,促进学生的精神成长。

本任务群的价值在于:

(一) 探索学习路径,促进文学阅读经验积累

语文教材中,文学性作品占据较大的比例,而且类型众多,从古典诗词、散文,到现代诗歌、小说等都有涉猎。不同类型的作品有着独特的表达方式、结构形式、语言特点,蕴含着丰富的情感和审美意趣。学生通过任务群的学习,其目的不在于读懂一篇文章,而在于发现与之相关的一类文学性作品的特点和学习这一类文本的路径,形成阅读策略。

以神话故事单元为例,选文内容可为中国古代神话和古希腊神话中的经典作品,学生可以从中体会我们的祖先对自然、对世界的独特理解和神奇想象。通过阅读《快乐读书吧·很久很久以前》推荐的中外经典神话故事,学生进一步感受魅

力无限的神奇想象,了解祖先在探索和改造世界过程中的独特解释和美好向往。基于此,本任务群可以把这些优秀神话故事作为文本学习的内容,来展开一系列学习实践活动,认识神话故事这一类型的文学作品,感受神话故事中充满的神奇想象,感受神话人物的鲜明形象以及包含在这些语言形式中的思想情感、文化内涵,丰富情感体验,积累阅读神话故事这类文学作品的方法。

(二) 激发文学阅读兴趣,丰富学生情感体验

当学生掌握基本的阅读方法,初步感受到某一类文学性作品的魅力所在,就会激发起进一步的、具有一定持久性的阅读愿望,形成学习内驱力。在内驱力的推动下,学生不断阅读思考,发现问题——运用方法策略,解决问题——交流表达,抒发情感,在此过程中感知文学作品不同的语言风貌,获得丰富的情感体验,提升审美情趣,促进积极的人生态度与价值观的形成。

(三) 倡导创造性地表达文学读写成果,促进创造性思维发展

本学习任务群的另一个突出价值在于将"读"与"写"勾连起来,建立起一条学习通路。在这一过程中,学生建构精神世界,提高审美品味和审美能力。因而学习任务设计不仅要重视"读",也要侧重引导学生用文字、图片、图文并茂或口头等多种方式有创意地表达自己阅读过程中的体验,分享自己喜欢的内容。例如三年级童话故事单元,可以围绕"这样想象真有趣"这一主题,开展趣味故事会,引导学生运用预测这一阅读策略展开故事情节猜测,故事结局的续编,可以进行故事创编,来尝试创作童话故事;还可以尝试小组合作,配上音乐,配上连环画来讲述或用课本剧表演的形式来演一演。

总之,无论用何种方式阐释,都是思维表达的外显。通过各种形式的创意表达活动,引导学生综合运用积累的语文知识、学到的语文技能来表达自己的观点,以此推动学生高阶思维能力的发展。

二、课程内容选择

本任务群对接"审美创造"这一语文核心素养内涵,蕴含发现美、感受美、欣赏美、创造美等一系列内容。课程可选择不同类型的文学性作品供学生学习。

主要学习文本包含:

(一) 以叙事为主的各类故事、优秀儿童文学作品、中外经典文学作品

如第一学段的革命领袖、革命英雄、爱国志士的童年故事;第二学段的爱国故事、历史人物故事;第三学段的革命领袖、革命先烈创作的文学作品,以及表现他

们事迹的小说、影视作品等。第一、第二学段的寓言故事、童话故事、民间故事、神话故事等；第三学段的反映少年成长的故事、小说、传记等。

（二）体现自然之美和多姿多彩生活的各类散文、现代诗歌、古诗词等

如第一、第二学段的儿歌，表现自然奇趣的短小诗文，表现人类美好情感的散文、诗歌；第三学段的表现人与自然、人与社会的诗歌、散文等优秀文学作品。

学习内容包含文学阅读和创意表达两大类。

首先，学习各类文学性作品，不仅要读懂文本的主要内容，体会作者的思想情感以及作者表达情感的方式，更重要的是学习不同类型文本的文体结构特点、语言形式特点、相关的语文知识等，在完成具体阅读理解的任务中形成阅读策略。比如学习叙事类文本，要关注故事讲了什么内容，包含了什么道理，作者是怎么把这个道理表达清楚的，我们可以怎样讲（表达）故事。又如，学习诗歌，要关注诗歌的意象、语言特点，作者是如何通过简练的语言表达喷薄而出的情感的，运用想象和联想，把握诗歌意境。

其次，向作者学习表达形式，并运用到自己的表达中，使自己的表达更为准确、严谨、得体、丰富，最终内化成自己的语言。例如第二学段学习用口头或者图文结合的方式创编儿童诗和有趣的故事，尝试用文学语言表达自己热爱自然、珍爱生命的情感。第三学段学习运用讲述、评析等方式，交流自己的情感体验；学习联想与想象，尝试富有创意地表达；学习运用细节描写等文学表现手法，描述自己成长中的故事。这些都是为了学习规范的、优美的语言形式，以此来表达自己的学习体验、生活感受。

三、教学实施建议

本任务群学习中阅读与表达本是不可分割的一个整体，本任务群学习活动设计应该"立足于阅读，着眼于表达"来创设基于真实的问题情境，兼顾阅读与表达两类语言实践活动。本学习任务群教学实施应注意以下几点。

（一）关注积累和掌握阅读各类文学作品的基本方法，推动阅读策略形成

培养学生的阅读能力，是本任务群学习的重要内容之一。聚焦特定的阅读目的而形成的思考过程及伴随这个过程的思考方法，是形成阅读策略的基础，也是提高阅读能力，提升语言素养的基本路径。本任务群学习要根据读懂一类文学性文本的阅读目的，形成核心任务，然后分解这个任务，通过问题链引导学生解读一篇篇文本，发现读懂一类文体的思考方法，学习和积累隐含其中的相关语言、知识、技能,并在此过程中练习运用这些思考方法和语言技能。

以读懂神话故事为例,可以围绕"什么是神话故事?神话故事永久的魅力是什么?"这一核心问题展开任务设计。通过画情节示意图活动,引导发现故事一般按起因、经过和结果的顺序展开,然后运用同样的方法有序地来说说故事的主要内容。通过抓住故事中的关键词句进行分析,品味人物形象,尝试设计人物名片,掌握人物形象分析的一般方法。由此认识神话故事充满神奇想象,人物形象鲜明这些特点,并掌握读懂这类故事的方法。进而还可以通过比较,发现童话故事、神话故事、寓言故事、民间故事之间的相似和不同,将其中的学习方法、学习过程举一反三,形成阅读策略。

(二)关注学生个性体验,推动自主、创新地表达读写成果

本任务群让学生在读的过程中学习、吸收、内化优美、典范的语言,获得个性化的审美体验;通过读读、说说、画画、写写、演讲、辩论、表演等不同形式交流自己的阅读思考成果,形成学生自己个性化的表达。由此,构筑一条由发现到创造的学习路径,以阅读促进表达,由表达提升阅读。

第一,珍视个性化"发现"——让表达言之有物,言之有方。

本任务群学习首先要引领学生进入文本语境,去发现"美"。这一过程因学生的个性差异而各不相同。例如三年级童话故事的学习,学生可以通过多种方式感知文本,形成对童话故事不同的阅读体验,诸如关心故事的人物命运,感受童话故事中丰富的想象、有趣的情节,感悟故事的思想内涵和艺术价值等,从而丰富情感体验和精神世界,形成自己个性化的审美体验。教师的教学首先要重视学生的这些个性化学习体验,关注个性化学习发现,这样才能让学生表达有内容可言。

第二,推动个性化"表现"——让表达言之有理,言有创意。

在言之有物的基础上,创意表达就是要引导学生综合运用所学到的语文知识、语言技能,选择喜欢的、合适的形式表达个性化见解。如引导学生通过朗读、讲述、写心得、做小报、开讨论会等多种方式表达对文本的个性化理解。同样以童话阅读为例,可以结合预测这一阅读策略的学习设计学习任务,通过对情节的预测、对故事结局的预测,推动学生深入细致地阅读,有理有据地进行预测,并交流自己的预测,真正走进故事。学生还可以通过童话故事的续写、创编等习作活动,以绘制童话故事连环画等形式,表达自己独特的感受,感受童话创作的乐趣。

这样,在阅读与表达中走一个来回或多次来回,加强了学生对文本内容的理解和对人物的深刻了解,进而加深了学生对这一类文学作品的理解,能体现学生思之"美"。

完整的任务群学习过程体现发现到表现的过程,推动学生自主、创新地表达读写成果。

四、单元教学案例

学习年级:四年级

(一)单元构建

1. 学习主题和内容

本单元以神话故事为内容进行文学欣赏与创意表达学习,学习的核心是运用阅读策略,读懂神话故事。以《盘古开天地》《女娲补天》《普罗米修斯》以及学生自选阅读中外经典神话传说故事为主要阅读文本,以召开环保"群英会"为驱动任务,通过绘制故事情节示意图、设计故事人物名片等一系列子任务的完成,推动学生阅读中外经典神话故事,读懂神话故事这一类文本。

本单元学习,我们设定的语文要素有两个内容。一是了解故事的起因、经过和结果,学习把握文章的主要内容;感受神话故事中神奇的想象和鲜明的人物形象。这一要素的学习指向的是文学阅读。二是展开想象,编写一个与神话人物在一起的故事,学习写清楚故事的起因、经过和结果。这一要素指向的是创意表达的学习。

在本单元的学习中,我们可以借助神话故事,帮助学生了解事情的起因、经过和结果,进一步来学习把握文章的主要内容。通过学习品味作品的语言,分析其中的人物形象,复述印象深刻的故事片段,引导学生感受神话故事充满神奇的想象以及人物形象鲜明的特点。读懂这一类文学作品,感受神话故事建构的奇妙世界,积累多样的情感体验,提升审美品味。

这一年龄段的学生是爱想象的。在三年级的童话单元学习中,学生已经尝试发挥想象编写故事。本单元学习建立在这个基础上,通过引导学生联系生活,展开合理想象,学习故事的表达方法,进行故事创编,来学习把握基本的叙事方法,尝试富有创意地表达自己阅读过程中独特的体验与思考,并通过讲故事的形式分享自己的学习成果,推动形象思维和创造性思维的发展。

2. 学习情境

根据以上主题和内容,我们创设了如下学习情境:

人类发展进入新世纪,在建设美丽新家园中遇到了不少新的环境问题,例如气候变暖,极地冰雪融化,海平面上升;水土流失,土壤沙漠化;森林过度砍伐,动物失去家园……我们可以邀请具有神力的众神来帮忙,一起找到保护环境的办法,解决问题,建成美丽新家园。因此,我们准备开一个环保"群英会"。

我们可以邀请谁来帮忙? 他有哪些神奇的本领可以帮助我们呢? 让我们一起走进中外经典神话故事。

3. 学习任务

根据学习主题、内容,我们设立如下学习任务:

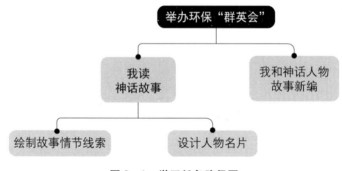

图 3-1　学习任务路径图

学生要完成这样一个学习任务,首先要通过"我读神话故事"知道有哪些神话人物;其次,通过绘制故事情节线索,学习把握故事主要内容,感受神话故事充满神奇想象的特点;通过品味语言,分析人物,感受人物的鲜明形象。在此基础上确定邀请哪个神话人物来帮忙。然后通过学习任务"我和神话人物故事新编",将神话人物特点和想解决的一个环境问题关联起来,展开合理想象构思故事,运用学到的表达方法进行创编,最后以召开环保"群英会"的形式进行交流,把自己独特的感受表达出来。这样,通过为期两周左右的任务群学习,读懂了神话故事这一类文学作品,掌握了故事类作品的一般阅读方法,提升了审美鉴赏能力与创造意识。

为此,我们将学习任务做如下分解:

表 3-1　单元核心任务及子任务

单元核心任务	举办环保"群英会"	
子任务 1	**我读神话故事** 把握故事主要内容,了解神话故事的神奇之处,分析神话人物形象。	① 学习课文《盘古开天地》。 ◇ 了解故事的起因、经过和结果,尝试绘制情节线索图,把握故事的主要内容。 ◇ 说出故事中的神奇之处。 ◇ 分析盘古的形象。

续表

		② 拓展练习:课外阅读中国神话传说故事。 ◇ 自制阅读记录卡。 ◇ 选择一个故事,绘制情节线索图。
		① 学习课文《女娲补天》。 ◇ 自主阅读,绘制情节线索图,借助线索图说清故事的主要内容。 ◇ 说出故事中的神奇之处以及女娲的形象特点。 ② 拓展练习:继续阅读中国神话传说故事。 ◇ 选择一个故事,向小伙伴复述故事。
		① 学习课文《普罗米修斯》。 ◇ 绘制情节线索图,借助线索图归纳故事主要内容。 ◇ 交流故事中最触动自己的情节,尝试设计人物名片,表达对人物特点的理解。 ② 拓展练习:课外阅读世界经典神话与传说故事。 ◇ 选择中外神话中的一个人物,为他设计一张神话人物名片。 ◇ 和小伙伴交流一个喜欢的神话人物。
子任务2	**我和神话人物故事新编** 合理想象,编写故事;清晰表达,交流故事。	① 故事创编:我和谁(干什么)。 ◇ 围绕和一位神话人物共同解决一个环境问题,展开合理想象,按故事的起因、经过、结果编写一个完整的故事。
		② 举办环保"群英会"。 ◇ 态度自然、口齿清楚地讲述自己创编的故事。 ◇ 使用合适的方法,把自己编写的故事讲得更吸引人。 ◇ 认真听别人讲故事,记住主要内容,进行评价。

4. 课文解读

《盘古开天地》是中国创世神话之一。课文按事情发展的先后顺序讲述了盘古在混沌一片的世界中开天辟地,与天地同成长,最后累得精疲力竭,倒下化为世间万物,用他的整个身体创造了美丽的世界的神奇故事。第1自然段是故事的发生,讲述了天地没有分开,盘古在混沌之中沉睡了一万八千年。第2—4自然段是故事的发展。其中第2自然段写了盘古醒来,在黑暗中劈开"大鸡蛋",天地初形成。第3自然段写盘古担心天地还会合在一起,就顶天立地,与天地同成长。第4自然段写过了一万八千年,天地终于形成,盘古也累得倒下。第5自然段是故事的高潮,写了盘古倒下后身体化为世间万物。第6自然是故事的结局,总结盘古用整个身体创造了美丽的世界。整篇故事脉络清晰，按起因、经过、结果可以分成三个部分。

故事中，天地形成的过程充满想象。开始时一片混沌；盘古一使劲翻身坐起，天地就裂开了；盘古一挥斧，天地分开，不同物质或慢慢上升，或缓缓下降，形成天与地；盘古也很神奇，可以沉睡一万八千年；可以随着天的上升、地的下降长一万八千年，长得高大无比；盘古倒下后身体可以化作世间万物。这些描写，无不体现出神话故事的神奇之处。"就拿起斧头，对着眼前的黑暗劈过去""盘古怕它们还会合在一起""巍峨的巨人""撑在天地之间""终于""精疲力竭"等词句，塑造了盘古高大伟岸、勇敢的形象，体现了他勇于开创和献身的精神。

与故事相配的插图撷取了"沉睡""开辟""撑天""倒下"四个画面，提示了故事线索，是把握故事内容很好的辅助。

《女娲补天》讲述当人间发生天塌地陷、洪水肆虐的灾难，人们陷入恐怖和苦难之中，女娲历经艰难，炼石补天，终于使人类获得新生的故事。故事第1—2自然段从突然发生的灾难场面写起，这是女娲补天的原因。第3—4自然段写女娲挺身而出，拣石炼石来补天，然后杀神龟撑天地，斩恶龙骇恶兽，烧芦苇堵地缝，这是女娲补天的经过。第5自然段写最后天地终于恢复平静，人们重获新生，这是故事的结果。这个故事情节生动，处处充满着神奇的想象，例如女娲燃起神火能把石头熔成石浆，石浆能把天的窟窿补上；例如神龟的四肢能撑起天地等等，都能让学生感到神话故事的奇幻色彩。

故事中的女娲是善良的，富有同情心的。作为人类的"母亲"，看到人间灾害和苦难，女娲"难过极了，决心把天和地修补起来，让人类重新过上幸福生活"。补天的过程中无论拣石炼石、杀龟斩龙，还是最后用芦苇灰堵洪水，都体现了女娲勇敢、智慧、顽强、不畏艰难。课文语言夸张，节奏紧凑，再配以女娲挥剑斩杀恶龙的插图，一气读来，让人感受到故事的紧张、刺激以及女娲勇敢非凡的力量。如果说盘古是中华神话中的创世之父，那女娲则是远古时期中华女性先祖的形象在创世神话中的生动写照。

《普罗米修斯》改写自古希腊神话，讲述了天神普罗米修斯为了帮助人类改变没有火的悲惨生活，甘愿承受众神之主宙斯的严厉惩罚，并忍受酷刑。最后在大力神赫拉克勒斯的解救下重获自由的故事。

故事一共9个自然段，同样按事情发展的先后顺序展开，脉络清晰。第1—2自然段写普罗米修斯看到人类没有火而生活悲惨的场面，于是从太阳车上"盗"取火种给人们。这是故事的起因。第 3—8 自然段写普罗米修斯拒绝归还火种,遭受严酷的惩罚。这是故事的经过。其中 6—7 自然段具体描写了普罗米修斯遭受酷刑的场面,是故事的高潮。第 9 自然段写在大力神赫拉克勒斯的帮助下,普罗米修斯重获自由。这是故事的结局。

普罗米修斯从太阳车喷射火焰的车轮上拿了一颗火星带到人间;普罗米修斯被死死锁在高加索山上遭受日晒雨淋;他的肝脏白天被鹫鹰啄食干净之后夜晚还能再长出来,从而遭受的痛苦无穷无尽等等,这些情节都使整个故事充满想象。

故事中人物众多,而且形象鲜明,各具特点。故事主要通过普罗米修斯"盗"火行动,与火神赫淮斯托斯的对话,遭受惩罚时的表现,塑造了一个充满同情心、善良、勇敢、不畏强暴、坚强不屈的英雄形象。同时随着故事情节展开,宙斯的冷酷无情,神权不可侵犯,火神赫淮斯托斯的善良但不敢违拗强权,大力神赫拉克勒斯的见义勇为都充分展现在读者眼前。

(二)单元教学目标

(1) 认识 41 个生字,读准 2 个多音字,会写 40 个字,会写 31 个词语。

(2) 正确、流利地朗读课文。

(3) 根据故事的起因、经过、结果,归纳神话故事的主要内容。

(4) 说出神话故事中的神奇之处,分析神话人物形象。

(5) 激发阅读中外经典神话传说故事的兴趣,自主阅读相关作品,分享课外阅读成果。

(6) 选择一个神话人物,围绕一个环境问题,展开合理想象,编写一个完整的故事。

(7) 交流编写的故事,运用合适的方法把故事讲述得更生动。

(三)教学实施规划

1. 单元教学实施规划

环保"群英会"学习任务计划用时 9 课时,具体安排如下:

表 3-2　单元教学实施规划

任务	学习要点	内容	课时
我读神话故事	1. 认识 41 个生字,读准 2 个多音字,会写 40 个字,会写 31 个词语。 2. 正确流利地朗读课文。	《盘古开天地》	2

续表

任务	学习要点	内容	课时
	3. 绘制故事情节示意图,按起因、经过和结果的顺序归纳所读故事的主要内容。	《女娲补天》	2
	4. 讲述喜欢的故事情节,说出故事中的神奇之处。	《普罗米修斯》	2
	5. 分析神话人物形象,设计人物名片,表达对人物的理解。		
	6. 自主阅读中外经典神话传说故事,自制阅读记录卡。		
我和神话人物故事新编	1. 展开合理想象,编写一个和神话人物共同解决一个环境问题的完整故事。	习作:我和谁(干什么)	2
	2. 交流编写的故事。	口语交际:举办环保"群英会"	1

2. 课时教学计划

表 3-3　课时教学计划

课时	具体教学要点
第 1 课时	1. 组织学生自主学习字词,正确朗读课文《盘古开天地》。 2. 指导学生了解故事的起因、经过和结果,归纳主要内容。 3. 指导绘制盘古开天地情节示意图,说说盘古开天地的过程。
第 2 课时	1. 指导学生继续阅读《盘古开天地》,边读边想象画面,说说故事中的神奇之处以及心目中的盘古形象。 2. 结合快乐读书吧内容,布置任务一:制定一份读书计划,课外收集中外经典神话故事进行阅读,并利用自制的阅读记录卡进行记录。
第 3 课时	1. 组织学生自主学习字词,正确朗读课文《女娲补天》。 2. 让学生绘制情节线索图,归纳故事的主要内容。 3. 指导学生说出故事中的神奇之处以及女娲的形象特点。
第 4 课时	1. 指导学生发挥想象,讲述女娲炼五彩石的过程。 2. 组织学生交流任务一的阅读成果:(1)展示学生自制的阅读记录;(2)请学生结合情节示意图交流精彩的故事片段。
第 5 课时	1. 组织学生自主学习字词,正确朗读课文《普罗米修斯》。 2. 指导阅读故事《普罗米修斯》,了解故事的起因、经过、结果,绘制情节示意图,归纳故事主要内容。 3. 指导学生说出故事的神奇之处。
第 6 课时	1. 指导学生分析故事中的人物形象,学习设计人物名片。 2. 组织交流故事中打动自己的情节。

续表

课时	具体教学要点
第7课时	1. 教师布置任务二：选择一个神话人物，围绕一个环境问题，展开合理想象，编写一个"我和谁（干什么）"的故事。 2. 梳理环保问题清单，确定拟解决的问题。 3. 选择一位神话人物，阐述选择的理由。 4. 展开合理想象，创编一个完整的故事。
第8课时	学生完成故事创编，教师指导修改。
第9课时	完成任务三：召开环保"群英会"，分享创编的故事。

（四）学习路径

第一，课内精读《盘古开天地》，梳理故事情节，从课文中找出自己认为神奇的地方，按起因、经过、结果的顺序说说盘古开天地的过程，知道神话故事充满了神奇的想象。课后收集中国神话故事，坚持课外阅读，按自己喜欢的方式做好阅读记录；选择喜欢的故事，尝试梳理情节，绘制故事情节线索图，然后讲给同学听。

第二，聚焦神话的人物形象。阅读《女娲补天》，发挥想象，试着把女娲从各地拣来五色石的过程说清楚、说生动，感受中国古典神话人物鲜明的形象。精读《普罗米修斯》，按照起因、经过、结果的顺序讲述普罗米修斯盗火的故事，交流故事中触动自己的某个情节，感受古希腊神话人物中的英雄形象。课后继续阅读中外经典神话故事。选择自己喜欢的神话人物，为他设计一张名片。

第三，选择一个自己喜欢的神话人物，展开想象，编写一个和他在一起解决环境问题的故事，表达自己独特的感受。

第四，举办环保"群英会"，运用合适的方法讲述自己创编的故事，把故事讲得生动。

通过"读——编——讲"的学习路径，学生把握故事的主要内容，感受神话故事的神奇想象和鲜明的人物形象，掌握读懂神话故事的基本方法，进而表达自己独特的感受，丰富精神世界。

核心问题设计为：

（1）什么是神话故事？神话故事永久的魅力是什么？

（2）怎样编写"我"和神话人物的故事？

为解决核心问题1，设计问题链如下：

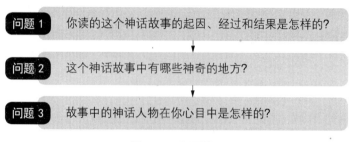

图 3-2　问题链 1

为解决核心问题 2,设计问题链如下:

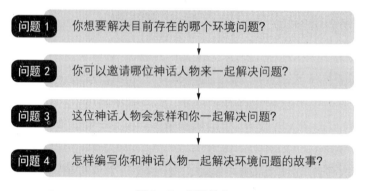

图 3-3　问题链 2

(五) 具体实施方案

1. 各项任务设计与问题链的设计

表 3-4　各项任务与问题链设计

任务	问　题　链
核心任务: 举办环保"群英会"	什么是神话故事? 神话故事永久的魅力是什么? 怎样编写"我"和神话人物的故事?
任务一: 我读神话故事	问题 1:你读的这个神话故事的起因、经过和结果是怎样的? 问题 2:这个神话故事中有哪些神奇的地方? 问题 3:故事中的神话人物在你心目中是怎样的?
任务二: 我和神话人物故事 新编	问题 1:你想要解决目前存在的哪个环境问题? 问题 2:你可以邀请哪位神话人物来一起解决问题? 问题 3:这位神话人物会怎样和你一起解决问题? 问题 4:怎样编写你和神话人物一起解决环境问题的故事?

2. 各项任务实施阐述

任务一：我读神话故事

（1）任务要点

精读《盘古开天地》《女娲补天》《普罗米修斯》，了解故事的起因、经过、结果，绘制情节线索示意图，归纳故事主要内容。课外收集阅读中外经典神话故事，完成阅读记录，绘制人物名片，感受神话中神奇的想象和鲜明的人物形象。

（2）操作流程

① 精读《盘古开天地》，从课文中找出你认为神奇的地方，说说盘古开天地的过程；边读边想象画面，说说自己心目中的盘古是怎样的。

② 制定一份读书计划，课外收集中外经典神话故事进行阅读，完成自制的阅读记录卡。

③ 精读《女娲补天》，发挥自己的想象，试着把女娲从各地拣来五色石的过程说清楚、说生动，感受中国古典神话人物鲜明的形象。

④ 精读《普罗米修斯》，按起因、经过、结果的顺序，讲讲普罗米修斯"盗"火的故事，交流故事中哪个情节触动了你。比较阅读"阅读链接"中的故事，说说从中外神话关于"火"的故事中感受到什么。

结合以上学习过程，完成个性化阅读记录、故事情节线索示意图、人物名片设计，为任务二的完成做好准备。

本任务从文学阅读的角度设计，意在引导学生阅读教材中的神话故事，关注语言文字作品的形式，通过理解重要段落和语句，具体感受神话故事丰富的想象，以及神话人物鲜明的形象，体会作者借由神话故事表达的真善美的情感，从而获得审美体验，提高审美品位。

（3）教学片段

《盘古开天地》教学片段

指导学生学习第 1—2 自然段，感受神话故事奇特的想象。

1. 指导学习第 1 自然段，边读边想象让自己感到神奇的画面。

● 指导读第 1 自然段，读准"混沌"一词的读音，并说说对词语的理解。

▲预设 1：我联系上下文，想象"混沌"就是课文里说的宇宙的样子，它

像个大鸡蛋,里面的蛋清蛋黄黏在一起,分不清什么是天,什么是地。

▲预设2:我查了词典,"混沌"在我国传说中指宇宙形成以前模糊一团的景象。

● 请学生说说哪些内容让自己感到很神奇。

▲预设1:很久很久以前,天和地黏在一起,宇宙模糊一团,真是太神奇了。

▲预设2:盘古在混沌之中竟然睡了一万八千年,这实在是太不可思议了,真神奇。

● 指导朗读第1自然段,"很久很久以前""一万八千年"这些词语,适当加重语气,读出不可思议的感觉。

2. 指导学习第2自然段,交流让自己感到神奇的内容。

● 请学生默读课文第2自然段,边读边想象,画出觉得神奇的内容。

● 组织交流。

▲预设1:盘古"一翻身",大鸡蛋就裂开了一条缝。他拿起斧头"一劈",天地竟然就被劈开了。我的脑海中仿佛浮现出天地瞬间被打开,神奇的光芒照进世界的景象,这让我觉得盘古神力巨大。

▲预设2:读到"巨人见身边有一把斧头"这句话时,我觉得巨人有这把斧子,就像孙悟空有金箍棒,马良有神笔。神话故事充满神奇色彩,神话人物似乎都有一样神奇的宝物。

▲预设3:读到"轻而清的东西,缓缓上升,变成了天;重而浊的东西,慢慢下降,变成了地"时,我好像看到了天在升高,地在下降,天地就这样分开了,真神奇。

● 请学生读第2自然段第四句话,引导学生关注自然段中的几组反义词。

● 让学生联系生活,理解"轻而清""重而浊"的意思。

▲预设1:清澈的溪水轻快地流淌,这就是"轻而清"。

▲预设2:溪水中满是泥沙,溪水就变得"重而浊"了。

小结:作者就是这样,运用几组反义词,写出了天地变化的神奇。

● 指导朗读句子。

读到"轻而清"的时候,用轻柔舒缓的语气,在"重而浊"的部分适当加重语气,读到"缓缓上升""慢慢下降"可以试着放慢语速。

说明：本教学片段是引导学生通过联系上下文、想象画面、关注重点词语来感受神话故事的神奇想象。教学时，先以第一自然段为例，让学生边读边想象"天地混沌""盘古沉睡万年"的画面，重点抓住"混沌""一万八千年"等词语体会神话世界的不可思议。第二自然段，由学生自主交流阅读感受，重点引导关注体现天地变化神奇的几组反义词。教学时，注重了朗读的指导，通过加重语气、调整语速、强调重点词等方式来表现对神话故事的独特感受，为之后复述故事、讲故事做准备。

• ■ JIAOXUEPIANDUAN ■ •

《普罗米修斯》教学片段

指导学生学习第 3—8 自然段，分析人物特点，感受神话故事中鲜明的人物形象。

1. 请学生默读课文 3—8 自然段，思考：哪个情节最触动你，说说你的感受。

▲预设：普罗米修斯面对严厉的惩罚，始终没有向宙斯屈服。

● 请学生说说普罗米修斯遭受到哪些严厉的惩罚。

▲预设 1：普罗米修斯的"双手和双脚戴着铁环"，而且"被死死地锁在高高的悬崖上"。他的手脚可能被锁链勒出了一道道血痕，他的全身可能麻木到没有知觉了。

▲预设 2：普罗米修斯还要"日夜遭受着风吹雨淋的痛苦"。他遭受的痛苦就没有间断过。夏天，烈日暴晒，他被晒得口渴难耐，皮肤蜕了一层又一层；冬日，寒风刺骨，他会冻得瑟瑟发抖。

▲预设 3：普罗米修斯每天被鹫鹰尖利的嘴巴啄食肝脏，更可怕的是，他的肝脏白天被吃光，晚上又重新长出来。这种折磨无休无止。

● 请学生用一个词语来形容普罗米修斯忍受的痛苦。（撕心裂肺　痛不欲生　生不如死……）

● 请学生联系上下文思考：是什么支撑着普罗米修斯，让他忍受着许多常人无法忍受的痛苦？

▲预设：为人类能过上幸福生活的信念，让他忍受常人无法忍受的痛苦。

2. 指导朗读普罗米修斯说的话，感受他信念的坚定。

师：第一句是反问句，他觉得为人类造福，没有错。

第二句是感叹句，"决不会……更不会……"看出面对严厉的惩罚，他丝毫不会动摇。

3. 请学生用一个词语概括普罗米修斯给自己留下的印象。

▲预设：普罗米修斯为了人类能过上幸福的生活，面对宙斯严厉的惩罚，始终没有屈服，他有着坚定的信念和不屈不挠的精神。

板书：坚定　不屈不挠

4. 小结：天神普罗米修斯为了改变人类没有火的悲惨生活，宁可承受众神之主宙斯的严厉惩罚，忍受酷刑，他的善举以及正义的形象给我们留下深刻的印象。

5. 指导学生制作一张人物名片。

● 组织讨论：人物名片上可以有哪些内容。

▲预设：名片上要有人物姓名、身份、特点、主要神绩等。

● 师生合作填写普罗米修斯的人物名片内容。

姓名：普罗米修斯。 身份/称号：人类的守护者。 特点：勇敢，善良，不屈不挠。 主要神绩："盗"取火种，让人类过上幸福的生活。	配上人物形象图片

说明：本教学片段引导学生关注重点情节，通过交流感受，思考是什么支撑普罗米修斯忍受常人无法忍受的痛苦等，感受普罗米修斯勇敢、善良、不屈不挠的人物形象。之后，老师带领学生制作一张普罗米修斯的人物名片，让学生学习用名片的形式表达对人物的理解。通过阅读记录卡、故事情节线索示意图、神话人物名片卡的制作，引导学生自主阅读神话故事，帮助学生理清神话故事的情节线索，感受人物的形象，既引导学生深入地阅读，又帮助学生收集人物素材，为创意表达打下基础。

（4）任务推荐表

① 阅读记录卡（可参考下表，也可以自制）。

阅读书目		
阅读时限	_____月_____日——_____月_____日(共 10 天)	
阅读时间	阅读章节/页码	阅读情况自评
第 1 天		☆☆☆
第 2 天		☆☆☆
……		☆☆☆

图 3-4　阅读记录卡

② 选择一个喜欢的神话故事，绘制故事情节线索示意图。向小伙伴复述故事（可以是完整的故事，也可以是精彩的片段）。

故事名称：_____

图 3-5　故事情节线索示意图

③ 设计一张自己喜欢的神话人物名片，和小伙伴交流。

姓名：_____
身份/称号：_____
特点：_____
主要神绩：_____
_____

（配上人物形象图片）

图 3-6　神话人物名片

任务二：我和神话人物故事新编

（1）任务要点

根据神话人物的形象特点想象故事内容，编写一个和神话人物一起解决一个人类面临的环保问题的完整故事。召开环保"群英会"，分享创编的故事。

（2）操作流程

　　① 借助口语交际"我们与环境"梳理环境问题清单,确定自己要解决的一个问题。

　　② 选择一个合适的神话人物,展开合理想象,按起因、经过、结果的发展顺序编故事。

　　③ 召开"群英会",分享自己编写的故事,运用合适的方式,把故事讲得更生动、更吸引人。

　　本任务重点从创意表达角度,引导学生运用所学的表达方法,展开想象和联想,尝试富有创意的表达,展现自己的独立思考与理解,实现审美创造。

（3）教学片段

习作"我和谁（做什么）"教学片段

　　指导学生根据情境选择合适的神话人物,按事情发展的先后顺序构思故事。

　　1. 创设情境,选择合适的神话人物,解决环境问题。

　　● 创设情境:有一条抹香鲸因误食大量的塑料袋,在三亚海滩搁浅。目前,抹香鲸奄奄一息……

　　面对这个问题,你想邀请哪位神话人物来帮忙? 为什么?

　　● 组织交流。

　　▲预设1:请精卫来帮忙,因为在《精卫填海》这个故事里,精卫从西山衔来木石,要将东海填满。精卫有顽强的意志,她一定能将海里的白色污染——塑料袋、塑料瓶全部衔走的。

　　▲预设2:东海龙王也可以来帮忙,因为龙王掌管整个海域,拥有许多宝贝,他可以用神奇水晶石吸走海里的塑料袋等污染物。

　　▲预设3:我想请马良来帮忙,因为马良画什么,就变出什么。他会画一艘海洋搜救船,这艘船可以清理漂浮在海面上的污染物,也可以营救误食海洋垃圾的动物。

　　● 小结:大家都能抓住神话人物的特点,大胆想象,合理地解决环境问题。

● 布置要求：人类发展进入新世纪，在建设美丽新家园中遇到了不少新的环境问题，你决定邀请哪位神话人物来帮忙解决问题，保护生态环境呢？结合制作的神话人物名片思考。

● 组织交流。

2. 指导学生按照事情的起因、经过、结果构思故事内容。

● 请学生按照事情的起因、经过、结果来说说《盘古开天地》《精卫填海》《普罗米修斯》《女娲补天》这四篇课文的主要内容。

● 师生按照起因、经过、结果的顺序共同构思"神农炼药拯救抹香鲸"的故事。

出示：

我和神农拯救抹香鲸

起因：＿＿＿＿＿＿＿＿＿＿＿＿＿＿＿＿＿＿

经过：　　神农　　　　　　　"我"

　　　　＿＿＿＿＿＿＿＿＿　＿＿＿＿＿＿＿＿＿

　　　　＿＿＿＿＿＿＿＿＿　＿＿＿＿＿＿＿＿＿

　　　　＿＿＿＿＿＿＿＿＿　＿＿＿＿＿＿＿＿＿

结果：＿＿＿＿＿＿＿＿＿＿＿＿＿＿＿＿＿＿

● 组织交流。

▲预设：

起因："我"得知抹香鲸误食过多塑料袋，搁浅在海滩，奄奄一息，就到深山里邀请神农来帮忙拯救抹香鲸。

经过：　　神农　　　　　　　"我"

　　　　下海找药　　　　　驾驶"蛟龙"号载人潜水艇带神农下海

　　日夜炼药、尝药　　　　做神农的小助手

　　喂食抹香鲸服药　　　　观察抹香鲸

结果：抹香鲸得救了，"我"万分感谢神农的帮助。

● 小结：在创编故事情节时，我们要体现神话人物的特点，还要将"我"融入故事中。

● 独立构思故事情节。

出示：　　我和（　）＿＿＿＿＿＿＿

起因：＿＿＿＿＿＿＿＿＿＿＿＿＿＿

经过：　　（　　　）　　　　　"我"

＿＿＿＿＿＿＿＿　　＿＿＿＿＿＿＿＿

＿＿＿＿＿＿＿＿　　＿＿＿＿＿＿＿＿

结果：＿＿＿＿＿＿＿＿＿＿＿＿＿＿＿

● 组织交流。

> **说明**：本教学片段创设了拯救抹香鲸这一情境，引导学生选择合适的神话人物来解决问题。学生在前期的自主阅读中认识了众多神话人物，并能根据神话人物制作名片。通过交流讨论，让学生学习根据神话人物的特点，大胆想象，合理地解决环境问题。接着以"神农炼药拯救抹香鲸"的故事为例，通过列提纲的方式，按照起因、经过、结果的顺序构思故事情节，激发学生的想象，领会在情节的创编中要体现人物的特点。

（4）任务推荐表

　　完成故事创编：我和谁（干什么）。

　　准备故事交流。

（六）资源建设

学生自主阅读可选择以下图书：

快乐读书吧·名著阅读课程化丛书，四年级上册，《中国神话传说》《世界经典神话与传说故事》，曹文轩、陈先云主编，人民教育出版社。

影视资料：上海美术电影制片厂《大闹天宫》《哪吒闹海》《金猴降妖》。

（七）评价方案

表3-5　任务1评价方案

评价项目	评 价 标 准				得分
	优	良	合格	不合格	
阅读记录卡	每天坚持课外阅读，并能记录，信息完整。	基本做到每天坚持课外阅读，并能记录。	基本能做到坚持课外阅读。	不能做到坚持课外阅读。	
情节示意图	准确、完整地梳理出故事情节。	比较完整地梳理出故事情节。	大致梳理出故事情节。	无法完成情节示意图。	
人物名片	1. 人物信息完整，特点清晰。2. 布局合理，画面美观，能体现人物形象，有一定创意。	1. 人物信息完整，特点比较清晰。2. 布局比较合理，画面比较美观，基本能体现人物形象。	1. 人物信息完整，基本反映人物特点。2. 布局基本合理，画面比较美观，基本能体现人物形象。	1. 没有完成或人物信息不完整。2. 不能体现人物形象特点。	

表3-6　任务2评价方案

评价项目	评 价 标 准				得分
	优	良	合格	不合格	
习作《我和(谁)做什么》	切合题意，中心突出，内容充实，结构严谨，语言流畅，书写工整，符合文体要求。	符合题意，中心明确，内容较充实，结构完整，语言通顺，字迹清楚，大体符合文体要求。	基本符合题意，中心基本明确，内容单薄，结构基本完整，语言基本通顺，字迹潦草，大体符合文体要求。	故事不符合题意，中心不明确，内容单薄，结构杂乱，语病较多，影响意思表达，字迹潦草。	
讲述故事《我和(谁)做什么》	能脱稿讲述故事，声音响亮，表达自然流畅。表情、语气、动作恰当。能运用配乐或插画等形式使故事讲述更生动。	能脱稿讲述故事，声音比较响亮，表达比较自然流畅。表情、语气、动作比较恰当。能运用配乐或插画等形式配合故事讲述。	基本做到脱稿讲述故事(可以使用信息小卡片)，声音比较清晰，态度基本自然。表情、语气、动作基本起到使故事讲述生动的作用。	讲述不能脱稿，声音不响亮，态度不自然；表情、语气、动作不能起到使故事讲述生动的作用。	

（八）学生成果展示

【任务一作业展示】示例

1. 自制阅读记录卡

阅读书目	中国神话传说	
阅读时限	11月9日—18日（共10天）	
阅读时间	阅读章节/页码	阅读情况自评
第1天(11.9)	日出扶桑	★★★★★
第2天(11.10)	女娲造人	★★★★★
第3天(11.11)	钻木取火	★★★★★
第4天(11.12)	仓颉造字	★★★★★
第5天(11.13)	日月天门	★★★★★
第6天(11.14)	大禹治水	★★★★★
第7天(11.15)	巫山神女	★★★★★
第8天(11.16)	神农尝百草	★★★★★
第9天(11.17)	八仙过海	★★★★★
第10天(11.18)	钱王射潮	★★★★★

图 3-7　阅读记录卡

2. 情节示意图或人物关系图

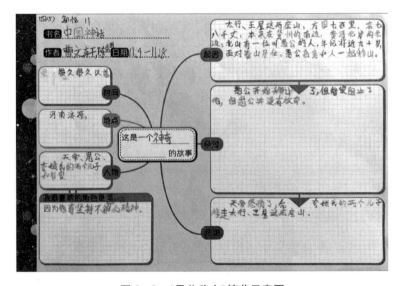

图 3-8　《愚公移山》情节示意图

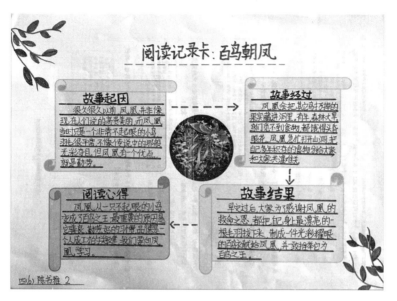

图 3-9 《百鸟朝凤》情节示意图

3. 神话人物名片

图 3-10 神话人物名片:嫦娥

图3-11 神话人物名片:奥丁

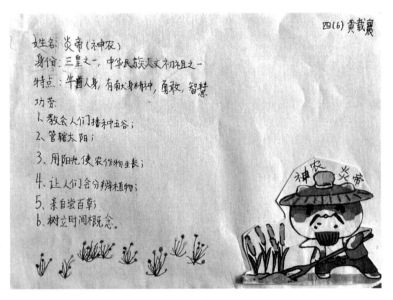

图3-12 神话人物名片:神农

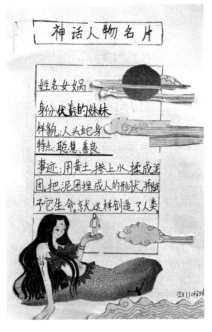

图 3-13 神话人物名片：女娲

【任务二作业展示】

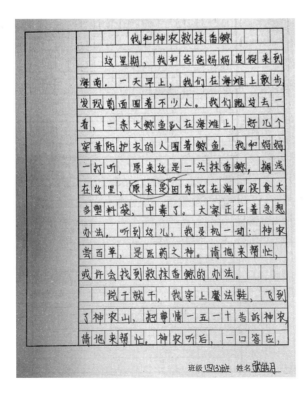

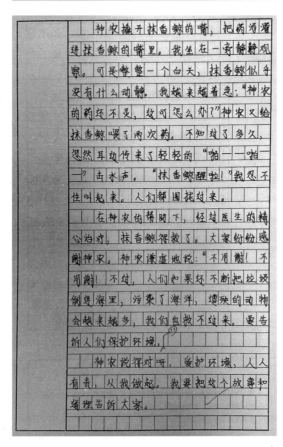

他还说："要一种特殊的药材，这种药材只有深海里才有。"我想了想说："不要紧，我们有蛟龙号潜水器。"

我驾驶着蛟龙号和神农下海了。我们潜到了马里亚纳海沟附近，神农取出了他那根神奇的鞭子夹在蛟龙号的机械臂上，我拨动按扭，机械臂东一挥，西一挥，立刻找到了藏在海草丛中的神秘的药。

我们回到海滩上，架起一口大锅神农开始炼药了。我借来鼓风机，对着大火炉呼呼吹着。大火烧了一天一夜，药熬好了。神农舀起一勺药尝了尝，我在一旁观察着，生怕有问题。过了一会儿，神农没有发现异常。

神农撬开抹香鲸的嘴，把药汤灌进抹香鲸的嘴里。我坐在一旁静静观察。可是整整一个白天，抹香鲸似乎没有什么动静。我越来越着急："神农的药环不是，这可怎么办？"神农又给抹香鲸喂了两次药。不知过了多久，忽然耳边传来了轻轻的"啪——啪——"击水声。"抹香鲸醒啦！"我忍不住叫起来。人们都围拢过来。

在神农的帮助下，经过医生的精心治疗，抹香鲸得救了。大家纷纷感谢神农。神农谦虚地说："不用谢！不用谢！不过，人们如果还不断把垃圾倒进海里，污染了海洋，遭殃的动物会越来越多，我们也救不过来。要告诉人们保护环境。"

神农说得对呀，爱护环境，人人有责，从我做起。我要把这个故事和道理告诉大家。

图3-14　学生习作

思辨性阅读与表达

一、内涵阐释和价值分析

语言是思维的外壳，思维是语言的内核，二者相辅相成，密不可分。《义务教育语文课程标准（2022年版）》将"思维能力"作为核心素养之一，并专门设置"思辨性阅读与表达"学习任务群，这体现了对培养学生理性思维和理性精神，发展学生思辨能力的重视。

（一）内涵阐释

1. 什么是"思辨"

"思辨"常见于哲学领域，近年来逐渐被引入至语文教学中。在小学语文教学过程中的"思辨"，就是引导学生在观察、感知中产生问题，在比较、分析、概括、推理中辩证思考，进而基于实证表达观点的过程。

2. 什么是"思辨性阅读与表达"

语文学科中的"思辨性阅读与表达"包含"思辨性阅读"和"思辨性表达"两方面。"思辨性阅读"即带有目的地运用语言文字获取信息或解决问题，掌握作者的逻辑观点，发展个体思维；"思辨性表达"则是将个体思考所得观点与成果在真实情境中以语言、表情、动作等方式反映出来。学生在"思辨性阅读"的过程中学习"思辨性表达"的路径方法，亦在"思辨性表达"中进一步推动"思辨性阅读"，它们相互促进，共同服务于"思辨性思维"的发展。

3. 什么是"思辨性阅读与表达"学习任务群

"思辨性阅读与表达"学习任务群旨在引导学生在语文实践活动中，通过阅读、比较、推断、质疑、讨论等方式，梳理观点、事实与材料及其关系；辨析态度与立场，辨别是非、善恶、美丑，保持好奇心和求知欲，养成勤学好问的习惯；负责任、有中心、有条理、重证据地表达，培养理性思维和理性精神。

（二）价值分析

本次课程标准修订设置"思辨性阅读与表达"学习任务群，其价值主要体现在以下几个方面。

1. 顺应时代要求

随着时代的不断进步与发展，着力培养高素质人才是当今社会的趋势，而拥有理性思维对于高素质人才而言至关重要。理性思维可以帮助学生正确地看待和处理各类问题，是促进学业发展的重要条件。在学生成长的过程中，对待事物能不随波逐流，有自己的看法，并有依据、负责任、有条理地进行表达，学会运用语言规律和逻辑规则挖掘事物的本质，用辩证的思维审视语言作品和生活中的各类现象，有助于学生适应未来社会发展。

《义务教育语文课程标准（2022 年版）》将"思辨性阅读与表达"作为一项单独设置的学习任务群，不仅顺应了当今时代的发展和人才培养的需求，更关乎国民思维方式的整体提升。

2. 落实核心素养

《义务教育语文课程标准（2022 年版）》中提出了培养语文核心素养的概念，并梳理了其内涵与目标。"思辨性阅读与表达"任务群的设定，是对培育"思维能力"这一核心素养的回应，保障其实际落地并提供对应的智力支持，旨在引导学生在学习思辨性阅读与表达的过程中，发展梳理、比较、推断、实证、辨析等能力，能养成积极思考的习惯，并运用语言有理有据地表达观点，促进逻辑思维能力与批判性思维能力的发展。

3. 平衡思维发展

语文学习，尤其是小学阶段的语文学习，既应带领学生捕捉文字中的形象美，培养其想象力与创造力，也应引导学生从素材积累、语言经验及问题解决中学会有条理地思考与表达，实现感性思维和理性思维的和谐发展。因此，通过审视发展思维能力的要求，将"思辨性阅读与表达"作为单独设置的一项语文学习任务群，也是对之前语文教育中思维品质训练不均衡的一种纠正。

二、课程内容选择

对于"思辨性阅读与表达"任务群的内涵与课程价值有了初步的理解后，我们需要关注这一任务群的学习内容。从《义务教育语文课程标准（2022 年版）》的描述中不难发现，"思辨性阅读与表达"任务群的学习内容大致可以分为三类：一是阅读材料,学习思考的方法与思维的方式。二是积极质疑,大胆提出自己的问题并尝试解决。三是合理阐述,有理有据地运用观点表达自己的思考。由"输入"到"内化"再到"输出",形成思维能力递进提升的闭环。

通过对小学三个学段的学习要求进行横向比对,不难发现,不同学段的学习要求呈螺旋上升的态势。

在阅读内容及阅读要求方面,第一学段为"有趣的短文",篇幅短小,便于理解,同时亦能更好地吸引低年龄段的孩子。此学段的阅读主要引导学生将自己代入文本情境去感受、思考,重在激发学生的好奇心与求知欲。随着思辨习惯的逐步养成和理解能力的逐步增强,第二学段开始设置"有关科学的短文"及"中华智慧故事",本学段重在引导学生发现大自然的奥秘和故事中暗含的道理,学会辨析、质疑、提问等思考问题、解决问题的方法,重在引导学生发现事实与观点之间的异同,在整个小学语文学习过程中起到承上启下的作用。其中,尤其重视思辨性阅读策略的指导。例如"学习预测的基本方法""尝试从不同角度思考,提出自己的问题"和"能提出不懂的问题并尝试解决",由内容理解逐步上升到方法论指导,成为了学生深度学习的重要支架和迁移到生活中解决问题的重要工具。第三学段,学生的自我意识和自我思想开始萌芽,可以阅读如"短论、简评""科学故事"及"哲人故事、寓言故事、成语故事"等文本,感受人物的智慧,体会并掌握猜想、验证、推理等更为抽象的思维方法,重在引导学生分析证据与观点之间的联系。随着学段的升级,阅读中理性思维的含量是逐步增加的。

在表达内容及技巧方面,第一学段重在鼓励学生敢于自由表达,要求能有对身边事物的奇妙之处及学习生活中遇到的问题提问的意识。能合理展开想象,敢于分享感受,表达多以口头为主,注重连贯性。第二学段要求能运用口头或列提纲、运用思维导图等图文结合的方式理清表达条理,说清楚故事中蕴含的道理,逐步向口头表达与文字表达相结合过渡,这一阶段更侧重自主梳理和探究,要求学生能够基于事实和材料尝试观点表达。第三学段在先前的基础上侧重用画思维导图等辅助,简洁清楚、有理有据地表述自己的观点或思维过程,鼓励学生对文本、人物进行评价,逐步向高阶思维递进,在表达要求上更注重条理性、逻辑性和准确性。同时,这一学段对"中华传统文化、革命文化"的感受与表达也尤为关注,需引导学生通过阅读进行辨析、梳理和深度思考,最终确立对自身文化的认同,对伟大英雄人物的评价形成观点。学生也能在思辨性表达中明确自己的价值判断,涵养文化自信。

三、教学实施建议

根据本任务群的教学特点，可以梳理出如下三条教学实施建议，充分体现以学生为主体的语文学习。

（一）创设符合思维发展特点的主题情境

本任务群应根据学生思维发展的特点，在不同学段创造适宜的学习主题和学习情境。《义务教育语文课程标准（2022年版）》中列举了如第一学段的"生活真奇妙""我的小问号"，第二学段的"大自然的奥秘""生活中的智慧""我的奇思妙想"，第三学段的"社会公德大家谈""奇妙的祖国语言""科学之光""东方智慧"等与学习内容高度匹配的学习主题。这就要求我们教师要引导学生在一段时间内坚持进行某一类思维训练，让学生通过深度学习逐步发展思维能力，提升核心素养。符合思维发展特点的学习情境在本任务群中的运用，可以是指向不同年段的课文本身所内含的思辨情境，学生在课文语境中逐步掌握梳理、分析、比较、探究的方法，从中总结、提炼出思维过程；也可以是指向依据学生现有的思维水平，由教材内容衍生出相应的现实生活情境，例如"生活趣味发现""社会热点现象"等，引导学生通过调查、访谈、讨论、质疑、推断等方式进行思维过程的现实运用，逐步养成积极思考、乐于表达的习惯。

（二）鼓励凸显思辨性的活动实践

本任务群的实施应注意不同学段的特点，有梯度地设计阅读、讨论、探究、演讲、写作等多种学习活动，引导学生学习发现、思考、探究问题的思路和方法。活动的设计要紧紧围绕语文学习展开，突出思辨性。活动设置的目的是为了理解与表达，培养理性思维和理性精神，因此活动的设计不能空有其表，而要与文本内容及学习目标高度关联，引导学生边读边思，提出问题；边思边辨，尝试解决问题、表达想法；边辨边论，分析观点与证据之间的关系，形成并表达自己的态度与立场。在整个活动实践过程中注重指导学生"认真地读、辩证地思、有理有据地表达"，形成"学习思维—形成思维—运用思维"的完整路径。

（三）倡导丰富思维广度的资源整合

学习资源是支持和促进学习的重要因素。信息化时代，应鼓励学生运用现代信息技术，自主搜集和利用学习资源以拓展思路，解释问题，支撑自己的思考和观点表达。只有广泛地阅读和了解各类资源，才能打破自身思维的局限；只有对比各方观点，"广开言路"，才能辨析现象，并形成较为客观的想法。同时，教师应引导学生关注信息的权威性和真实性，学习搜集、辨别信息的基本方法，避免被不良信息侵蚀思想，有效地处理信息亦是培养和运用思辨能力的过程。除此之外，教师还可以引导学生运用好网络中的共享资源，通过各类链接检索，丰富学生的认知，在不同的材料解读、比对中深化学生的思考，培养思维的深刻性和批判性。引导学生进行资源整合，很好地弥补课文中观点与内容的局限，让学生得以具备更全面的思考能力，也就能更具有说服力地去表达自己的思考。

四、单元教学案例

学习年级：五年级

（一）单元构建

1. 学习主题和内容

本单元以"像聪明人一样思考"为主题，制作《走近"聪明人"研究报告》这一活动任务。通过学习《自相矛盾》《田忌赛马》《草船借箭》和《跳水》四篇课文，引导学生在把握课文内容的基础上，运用阅读、比较、质疑、分析、推理等方式，进一步了解文中人物围观者、孙膑、诸葛亮、船长等"聪明人"解决问题的思维过程，从而培养学生对文章的整体把握能力和在具体情境中思考问题、解决问题的意识。

本单元的习作以"把一件事写清楚，重点部分写具体"为要素，记录身边"聪明人"的聪明之事。通过写清身边"聪明人"碰到问题后，是如何分析情况，又是如何解决，具备哪种优秀的思维品质等内容，帮助学生将课内学到的"聪明人"的思考方式迁移至课外，以此，提高学生思维的逻辑性，促进学生思维水平的发展。

2. 学习情境

根据以上的学习主题和内容，我们创设了以下情境：

思维的火花跨越时空，照亮昨天、今天和明天。在历史长河中出现了许多"聪明人"，他们有的能言善辩，有的足智多谋，有的急中生智……他们都能依靠自己的聪明才智来解决遇到的各种问题。

我们怎样像他们一样思考，使自己变得更聪明，去解决生活中遇到的问题呢？让我们走进这个单元的学习，了解这些"聪明人"身上的品质，完成研究报告中的"研究情况整理"和"研究结论"。联系你的学习经历，从课内走向课外，找一找生活在你周围的"聪明人"，写一写他们的故事，完成研究报告中的"研究成果"。

3. 学习任务

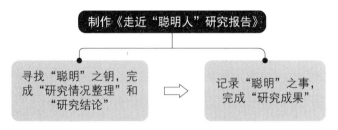

图 4-1　学习任务路径图

通过"走近'聪明人'"这一主题,以研究报告的形式组织学生开展学习。研究报告分为五个部分,"问题的提出""研究方法""研究情况整理""研究结论"和"研究成果"。其中,"问题的提出"和"研究方法"在出示单元学习任务时带领学生完成。而后三部分伴随着单元课文内容学习,"研究情况整理"帮助学生寻找"聪明之钥","研究结论"便于梳理归纳书中"聪明人"的思维品质。"研究成果"以学生独立采访撰写身边人的聪明事来呈现。由此我们设定了以下学习任务。

表 4-1　单元核心任务及子任务

单元核心任务		制作《走近"聪明人"研究报告》
子任务 1	**寻找"聪明"之钥** 分析人物思维过程,归纳"聪明人"品质,完成"研究情况整理"和"研究结论"。	① 学习课文《自相矛盾》。 ◆ 分析并阐述围观者指出商人语言前后矛盾的思维过程。 ② 拓展练习:阅读《杨氏之子》,分析杨氏子回答"未闻孔雀是夫子家禽"的思维过程。
		① 学习课文《田忌赛马》。 ◆ 借助图示,推想当时孙膑制定计策的思维过程。 ② 拓展练习:创设情境,推演学校跳绳比赛对阵图。
		① 学习课文《草船借箭》。 ◆ 分析诸葛亮能成功借箭的原因。 ② 拓展练习:自主阅读一则表现诸葛亮神机妙算的故事,试着说出诸葛亮的思维过程。
		① 学习课文《跳水》。 ◆ 分析船长对着儿子"开枪"的思维过程。 ② 拓展练习:创设情境,用"急中生智"的思维解决问题。
		梳理归纳"聪明人"的品质,完成"研究结论"。

子任务2	**记录"聪明"之事** 完成研究报告的"研究成果"。	① 采访。 ◆ 确定采访对象,制定采访计划表,采访身边的"聪明人"。 ② 完成记录。 ◆ 习作提纲。 ◆ 完成撰写。

4. 课文解读

根据学习任务,本单元安排了四篇课文,分别是《自相矛盾》《田忌赛马》《草船借箭》和《跳水》。

《自相矛盾》选自《韩非子·难一》,讲述了楚国有个卖盾和矛的人,他在夸耀自己的盾和矛时,理由前后抵牾,不能自圆其说。这一故事告诫人们说话做事要前后相应,不要自相矛盾。

《田忌赛马》是根据《史记·孙子吴起列传》中的相关内容改写的。文章讲述了战国时期,齐国大将田忌经常与齐威王及贵族们赛马,孙膑发现他们的马脚力都差不多,而且都能分成上、中、下三等,便建议田忌合理安排不同等级的马的出场顺序,从而使田忌在与齐威王的对阵中获胜。这个故事告诉人们,遇到问题要像孙膑一样先认真分析观察到的实际情况,再选择合适的对策,以达到预期的目的。

《草船借箭》是根据元末明初的长篇小说《三国演义》第四十六回的相关内容改写的。东汉末年,曹操统一北方后率军南下,在长江北岸集结兵力,准备统一全国。孙权手下大将周瑜驻守在长江南岸,刘备派诸葛亮前去联吴抗曹。"草船借箭"的故事就发生在此时。课文写周瑜妒忌诸葛亮的才干,要诸葛亮在短时间内造好十万支箭,以此为难他;而诸葛亮巧妙施计向曹操"借箭",让周瑜的算盘落了空,周瑜自叹不如。

著名作家列夫·托尔斯泰的《跳水》主要写了一艘环游世界的帆船航行在风平浪静的大海上,水手们在甲板上拿猴子取乐,猴子又去戏弄船长的儿子,孩子为了追回被猴子抢走的帽子,不知不觉爬上桅杆顶端的横木,情况十分危险。在紧急关头,船长急中生智,逼儿子跳水。这一沉着、机智、果断的处事方式,使孩子脱离了险境。

选用的四篇课文分别从四个不同的角度阐述了"聪明人"四种不同的思维方

式,《自相矛盾》中的围观者善于抓住对方矛盾之处,孙膑善于谋略,诸葛亮有丰厚的知识储备,船长急中生智。学生可以将课文中的相关语句作为推想人物思维过程的依据,将思考过程用自己的语言表达出来,伴随教师设计的活动,运用"他遇到了什么问题——他如何分析当时的情况——他如何找到解决问题的方法——体现了他哪些优秀的思维品质"这一学习路径进行学习。

(二)单元教学目标

(1)认识20个生字,读准1个多音字,会写29个字,会写33个词语。

(2)正确、流利地朗读课文。背诵《自相矛盾》。

(3)能分析课文中人物的思维过程,懂得根据实际情况选择合适的解决问题的方法。

(4)能梳理归纳"聪明人"的思维品质,完成研究报告中"研究情况整理"和"研究结论"部分。

(5)能写清一件"聪明事",并能将反映"聪明人"品质的思维过程写具体,完成研究报告中"研究成果"部分。

(三)教学实施规划

1. 单元教学实施规划

表4-2 单元教学实施规划

任务	学习要点	内容	课时
寻找"聪明"之钥	1. 认识20个生字,读准1个多音字,会写29个字,会写33个词语。 2. 正确、流利地朗读课文。背诵《自相矛盾》。 3. 阅读课文,能分析课文中人物的思维过程,完成拓展练习。 4. 能梳理归纳"聪明人"的思维品质。	《自相矛盾》	2
		《田忌赛马》	2
		《草船借箭》	2
		《跳水》	2
记录"聪明"之事	1. 能找到身边的"聪明人",撰写采访计划。 2. 能根据采访内容列写作提纲,写清一件"聪明事",并能将反映"聪明人"品质的思维过程写具体。	习作:我身边的"聪明人"	2
合计			10

2. 课时教学计划

课时	教 学 要 点
第 1 课时	1. 明确单元任务, 了解《走近"聪明人"研究报告》"问题的提出""研究方法"两部分。 2. 学习《自相矛盾》, 认识"吾、弗"等 2 个生字, 读准多音字"夫", 会写"矛、盾"等 5 个字。 3. 正确、流利地朗读课文。背诵课文。 4. 联系上下文, 猜测"誉""弗""立"的意思, 并用自己的话讲述这个故事。
第 2 课时	1. 分析并阐述围观者指出商人语言前后矛盾的思维过程。 2. 指导拓展练习, 阅读《杨氏之子》, 分析杨氏子回答"未闻孔雀是夫子家禽"的思维过程, 完成研究报告"研究情况整理(一)"。
第 3 课时	1. 学习《田忌赛马》, 认识"策、荐"等 2 个生字, 会写"策、荐"等 2 个字, 会写"赏识、脚力"等 8 个词语。 2. 借助图示, 推想当时孙膑制定计策的思维过程。
第 4 课时	1. 用自己的话讲述田忌赛马的故事。 2. 指导拓展练习, 推演并画一画"月月赛"跳绳比赛的对阵图, 完成研究报告"研究情况整理(二)"。
第 5 课时	1. 学习《草船借箭》, 认识"瑜、忌"等 9 个生字, 会写"瑜、妒"等 12 个字, 会写"妒忌、委托"等 13 个词语。 2. 按照起因、经过、结果的顺序说出故事的主要内容。 3. 通过关键语句初步了解故事中人物的特点。
第 6 课时	1. 分析诸葛亮能成功借箭的原因。 2. 指导拓展练习, 自主阅读一则表现诸葛亮神机妙算的故事, 试着说出诸葛亮的思维过程, 完成研究报告"研究情况整理(三)"。
第 7 课时	1. 学习《跳水》, 认识"肆、桅"等 7 个生字, 会写"艘、肆"等 10 个字, 会写"航行、风平浪静"等 12 个词语。 2. 梳理故事的起因、经过和结果, 并以此为线索讲述故事内容。 3. 说出水手们的"笑"对推动故事情节发展的作用。
第 8 课时	1. 分析船长对着儿子"开枪"的思维过程。 2. 指导拓展练习, 创设情境, 能用"急中生智"的思维解决问题, 完成研究报告"研究情况整理(四)"。 3. 梳理归纳"聪明人"的思维品质, 完成"研究情况整理(五)"。

续表

课时	教 学 要 点
第9课时	采访身边的"聪明人",明确采访对象,指导制定采访计划表,完成研究报告"研究结论"。
第10课时	根据采访计划表和采访内容,列习作提纲,并撰写身边"聪明人"的小故事,完成研究报告"研究成果"。

(四) 学习路径

在学生学习前,我们首先梳理出文本中的"聪明人"的思维方式:遇到的问题是什么——综合分析当时的情况——做出最优决策解决问题。

由此,我们可以找到学生学习"聪明人"思维方式的路径:他遇到了什么问题——他如何分析当时的情况——他如何找到解决问题的方法——体现了他哪些优秀的思维品质。学生以这组路径,借助文本的语言去学习"聪明人"的思维方式,并迁移至生活中,让学生写一写身边"聪明人"的聪明事。学生要完成这个任务,仍然要用这组路径去思考:我身边的"聪明人"是谁——他遇到了什么问题——他如何分析当时的情况——他如何找到解决问题的方法——体现了他哪些优秀的思维品质。学生完成这个任务的同时也是一个内化的过程。

我们以制作《走近"聪明人"研究报告》作为任务,整份报告分为"问题的提出""研究方法""研究情况整理""研究结论"和"研究成果"五个部分。

首先,阅读四篇课文,通过比较、推断、讨论等方式了解课文中四位"聪明人"面对问题、解决问题的思维方式,落实单元语文要素"了解人物的思维过程,加深对课文内容的理解",并梳理出"聪明人"的思维品质,完成研究报告中的"研究情况整理"和"研究结论"两部分。

其次,迁移至生活中,采访身边的"聪明人",制定采访计划表,并记录身边"聪明人"的小故事,完成研究报告中的"研究成果"。

通过制作《走近"聪明人"研究报告》,将学到的课文中的"聪明人"的思维过程,内化为自身思考问题的方式,提升自身的思维品质。

由此,我们提出的核心问题为:如何像"聪明人"一样思考?

为解决这个核心问题,我们设计问题链如下:

| 问题1 | 书中的"聪明人"是如何思考解决问题的？ |

①他遇到了什么问题？

②他如何分析当时的情况？

③他如何找到解决问题的方法？

④体现了他哪些优秀的思维品质？

| 问题2 | "我"身边的"聪明人"用怎样的方式解决问题？ |

①我身边的"聪明人"是谁？

②他遇到了什么问题？

③他如何分析当时的情况？

④他如何找到解决问题的方法？

⑤体现了他哪些优秀的思维品质？

图4-2　问题链设计

（五）具体实施方案

1. 各项任务与问题链的设计

表4-3　各项任务及问题链设计

任务	问 题 链	
核心任务： 制作一份《走近"聪明人"研究报告》	核心问题： 如何像"聪明人"一样思考？	
任务一： 寻找"聪明"之钥：完成研究报告的"研究情况整理""研究结论"。	问题1：书中的"聪明人"是如何思考解决问题的？	① 他遇到了什么问题？
		② 他如何分析当时的情况？
		③ 他如何找到解决问题的方法？
		④ 体现了他哪些优秀的思维品质？
任务二： 记录"聪明"之事：完成研究报告的"研究成果"。	问题2："我"身边的"聪明人"用怎样的方式解决问题？	① 我身边的"聪明人"是谁？
		② 他遇到了什么问题？
		③ 他如何分析当时的情况？
		④ 他如何找到解决问题的方法？
		⑤ 体现了他哪些优秀的思维品质？

2. 各项任务实施阐述

任务一：寻找"聪明"之钥

（1）任务要点

通过学习《自相矛盾》《田忌赛马》《草船借箭》《跳水》四篇课文，学生了解书本中"聪明人"分析问题、解决问题的思维过程，明白他们为何而"聪明"，并受此启发，尝试梳理出"聪明人"的特质，并运用他们的思维方式解决任务情境中和现实生活中遇到的问题，完成"走近'聪明人'"研究报告中的"研究情况整理"和"研究结论"。

（2）操作流程

明确单元任务	明确研究报告中待解决的问题及研究方法。
深入学习课文	通过比较、推测、联系生活情境阐述"聪明人"的思维过程。
完成研究整理	讨论并填写研究报告中的"研究情况整理""研究结论"。

图 4-3　任务一流程简图

明确单元任务：单元学习伊始，教师需与学生一同明确学习目标，提出最后要达成的核心任务，即通过本单元的学习，同学们将要学会"如何像聪明人一样思考"，并制作一份"走近'聪明人'"的研究报告。要想完成这一任务，首先应该了解什么是研究报告，研究报告所包含的内容有哪些，并重点关注提出的问题和研究问题的方法，明确自己在接下来的学习过程中需要做什么和怎么做。

深入学习课文：课文的学习最终指向核心任务的完成。首先，学习《自相矛盾》，感受围观者"以子之矛陷子之盾"的智慧并阅读《杨氏之子》，分析杨氏子为何会回答"未闻孔雀是夫子家禽"的思维过程。再通过学习《田忌赛马》，分析当时孙膑解决问题的思维过程，并将其在现实情境中加以运用。学习完《草船借箭》，有依据地推算出诸葛亮借箭成功的原因，并自主阅读其他有关诸葛亮的故事，进一步感受他的"足智多谋"。最后在学习《跳水》的过程中，讨论船长"开枪"的做法好在哪里，并尝试运用他的"聪明之处"解决问题。在课文的学习中，学生一步步走近

"聪明人"的内心，了解他们思考问题、解决问题的方式，最后结合具体实际，尝试选择合适的办法解决遇到的问题。

完成研究整理：随着对课文的学习，记录下课文中"聪明人"的思维过程，再根据课内学习与课外延伸阅读的内容，梳理出"聪明人"具备的特质，完成研究报告中的"研究情况整理"和"研究结论"。

基于以上三个环节的学习成果，学生可初步探寻到"聪明人"为何聪明，并通过研读、研究解决"书中的聪明人都是如何思考、解决问题的"这一问题。

（3）教学片段

《田忌赛马》教学片段

以《田忌赛马》为例，重点要让学生推想当时孙膑制定计策的思维过程，并能尝试运用这样的思维方式去解决生活中遇到的实际问题。由此，本课的核心环节教学设计如下。

1. 厘清出场顺序，走进比赛过程。

● 指导学生连线对阵图。

师：刚才，我们一起了解了故事的主要内容，知道了比赛的结果是田忌三局两胜赢了齐威王。田忌究竟是怎么赢的？请大家默读课文，理一理赛马的出场顺序，连一连课后的对阵图。

师：谁能说一说田忌取胜的原因，并分享一下你连的对阵图。

▲预设：因为他调换了马的出场顺序。

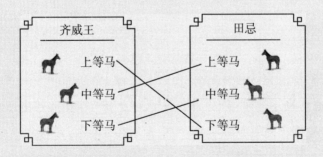

● 引导学生梳理比赛过程。

师：只是简单地改变了对阵顺序，就改变了比赛的最终结果，多么奇妙呀！请借助对阵图，完整地说一说比赛的过程。

▲预设：田忌决定听从孙膑的计策。他先用下等马对齐威王的上等马，再用上等马对齐威王的中等马，最后用中等马对齐威王的下等马，三局两胜取得了胜利。

师：你将比赛过程说得既完整又简洁，真了不起！

● 组织学生探讨"必胜"原因。

师：本场比赛的结果孙膑早有预料，这是为什么呢？请你再读读课文，用直线画出相关的句子。

▲预设：我找到的句子是："孙膑看了几场比赛后发现，大家的马脚力相差不多，而且都能分成上、中、下三等。"说明马的实力相当，如果用同等级的马去比赛，胜负难以预料，但是如果调换顺序，就有可能实现三局两胜。

师：没错，通过认真观察，孙膑分析得出二者的马脚力相差无几，便决心采用调换顺序的策略，最终助力田忌赢得比赛。

> 说明：通过完成课后练习标画对阵图，学生很快就能找出比赛胜利的原因。接着，通过对关键语句的理解，了解"孙膑为什么让田忌这样安排马的出场顺序"，有依据地推测孙膑和田忌"胜券在握"的理由，初步体会到要想做出决策，首先要仔细观察，寻找解决问题的突破口。

2. 推演对阵方案，明晰思维路径。

● 引导学生推演对阵方案。

师：同学们，既然调换顺序就能取胜，那田忌所使用的这种策略是不是唯一能取胜的方法呢？是否还有其他方案？现在请你们来当一当孙膑，推演所有的对阵方式，并找出最佳的赛马策略。

对阵图预设：

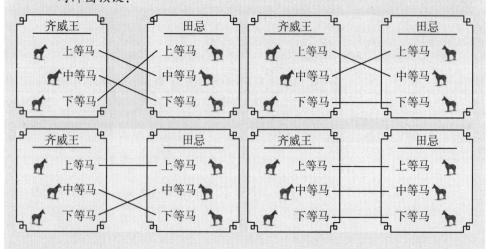

师：通过推演，我们可以发现，孙膑最终选择的对阵顺序是当时情况下能获胜的最佳方案。

● 带领学生探究思维过程。

师：看似简单的决策，背后经过了细致地观察、认真地分析和全面地推演，三者缺一不可。请同学们再次化身孙膑，借助句式，说一说孙膑的思维过程。

出示句式："我看了几场比赛，发现_____，只有采取_____的方法才能获胜。于是，我通过推演，选出了最佳方案：_____。"

▲预设：我看了几场比赛，发现田忌和齐威王的马脚力差不多，都能分成上、中、下三等，只有采取调换马出场顺序的方法才能获胜。于是，我通过推演，选出了最佳方案：用田忌的下等马对齐威王的上等马，再用田忌的上等马对齐威王的中等马，最后用田忌的中等马对齐威王的下等马。

师：你将孙膑发现的赛马规律和改变赛马顺序的原因说清楚了！

3. 延伸思维方法，解决实际问题。

● 创设情境。

师：生活中，我们也会遇到各种各样的问题，同样需要我们运用推演的方法，寻找出最佳策略。

瞧，下周，我们学校的体育"月月赛"就要开始了，本次比赛的主题是同学们最喜爱的"一分钟跳绳"。五(1)班和五(2)班将各派出五名选手参赛，大家纷纷报名尝试，想为自己的班级争得荣誉！本次比赛采用五局三胜制，每局时长一分钟。两个参赛班级选手的水平如下表所示，如果大家都能在比赛中正常发挥，如何决策才能让五(2)班取胜呢？

五(1)班

序号	1	2	3	4	5
成绩(下)	230	205	180	160	145

五(2)班

序号	1	2	3	4	5
成绩(下)	220	200	175	155	140

● 布置作业。

师：请同学们在课后自己排一排、画一画"对阵图"，寻找出最佳方案吧！

> **说明**：推演所有的对阵方案，可以发现做出最优决策需在仔细观察的基础上进行全盘思考。再通过角色带入，运用句式支架引导学生将孙膑的思维过程可视化、清晰化，即：观察——设想——推演——决策，一步一步说清楚，并最终进行思维的延伸与运用，再次使用推演的思维方式去解决现实校园中的问题。

JIAOXUEPIANDUAN

《跳水》教学片段

在《跳水》一文的教学中，"他遇到了什么问题""他如何分析当时的情况""他如何找到解决问题的方法""体现了他哪些优秀的思维品质"这一问题链仍旧是帮助学生深入了解船长这位"聪明人"的重要抓手。学生必须在学习中关注课文里相关的细节，才能更好地揣摩船长的内心想法，推测出船长的思维过程。本课核心环节教学设计如下。

1. 分析推演，感受思维过程。

● 引导学生分析船长遇到的问题。

师：船长从船舱里走出来时看到了什么？

▲预设：他看见自己的儿子站在桅杆顶端的横木上摇摇晃晃，心惊胆战，想下来却不知道如何下来。

师：船长遇到了什么困难？

▲预设：他的儿子已经摇摇欲坠了，如果摔到甲板上就会瞬间没命，要尽快想办法救下他才行。

师：是呀，自己的儿子此时没有任何保护，如何在短时间内救下他，是船长此时面临的最大问题。他最终决定怎么做呢？

▲预设：他用枪立刻瞄准儿子，喊道："向海里跳！快！不跳我就开枪了！"

师：在如此危急的情况下，船长用"以枪威逼"孩子跳水的方式最终救下了他。

● 指导学生分析"船长"解决问题的思维过程。

师：船长是怎么在如此短的时间内想出这个极端方法的呢？

出示：船长当时想：因为＿＿＿＿＿＿＿＿，所以＿＿＿＿＿＿＿＿。

▲预设1：船长当时想：因为我的孩子已经在横木那头难以回转身来，而掉入水中比掉在甲板上安全得多，所以要想办法让他跳水。

师：看来，船长根据孩子当时所处的位置，分析出了只有跳水才是他获救的唯一方法。可是大海里波涛汹涌，跳下去也可能会没命。

▲预设2：船长当时想：因为此时风平浪静，所以我的孩子跳水也不会被风卷到其他地方，很安全。

师：船长观察到了当时的天气，知道孩子跳入海中还是安全的。可即使跳入海中，不会游泳不是仍旧无法脱离险境吗？

▲预设3：船长当时想：因为甲板上有许多勇敢的水手，所以他们可以第一时间跳进海里救我的孩子。

师：水手们水性都很好，这样跳水后也能保证孩子的安全，船长想得很周到。可当时孩子发现自己站在这么高的横木上，是很慌乱的，这种情况怎么能保证他在短时间内跃入水中呢？

▲预设4：船长当时想：因为我的孩子此时已经双腿发软，随时有坠落甲板的危险，所以我只有用手中的枪威吓他，才能让他快速跳水。

教师小结：看来，短短的时间里，这位有着丰富航海经验的船长就已经根据孩子所处的位置、周围的环境、当下的条件和孩子的状态做好了所有情况的设想，并最终做出了当下最合理的判断。

● 带领学生感受船长的思维品质。

师：孩子最终跳水获救，在解决问题的过程中，你看到了一位怎样的船长？

▲预设1：我看到了一位善于观察的船长。在面对问题时，他能第一时间全面分析周围的环境和所有人的状态，然后做出最合理的决断并迅速执行，很了不起！

▲预设2：我看到了一位在危急时刻沉着冷静，解决问题时机智果断的船长。

小结：船长用超乎常人的思维方式成功救下了自己的儿子，看似不合常理，实则在情理之中，实在令人钦佩！

2. 迁移思维，解决情境问题。

● 出示情境问题。

师：在五百多年前的布鲁塞尔，有一位不到十岁的孩子也遇到了困难，请你轻声读一读，说一说当时的情况如何。

> 五百多年前，外国侵略者攻打比利时。比利时人民奋起抗击，终于赶走了侵略者。布鲁塞尔市人民在中心广场欢庆胜利，不到十岁的小于连也连蹦带跳地向中心广场跑去。当经过一个小院子时，他忽然闻到一股浓烈的火药味，接着，发现院子里有几颗夺目的火星迸跳着。小于连急忙跑过去，只见一条又长又粗的导火线，在干涸的深沟里"吱吱"地燃烧着。他沿着深沟往前跑，发现导火线连着市政厅地下室的大火药库。这可怎么办呢？

▲预设1：火药味已经很浓烈了，如果不及时阻止火势的蔓延，整个中心广场都会面临爆炸的危险。

▲预设2：此时危险已经离广场上欢庆胜利的市民们很近了，他们还浑然不知。

师：是的，当时的情况已经十分危急。

● 组织学生讨论解决方法。

师：雄伟的市政厅、宽阔的广场和成百上千条人命可能会在瞬间付之一炬，唯有抓紧灭火，才能救下整个广场上的人。如果你是小于连，你会怎么做呢？

▲预设1：我会试着下到深沟去灭火。

▲预设2：我会跑去广场上喊大人过来帮忙灭火。

▲预设3：我会找一找有没有水能够浇灭火苗。

师：我们设想的这些办法，在当时的情况下可能会存在哪些风险？

▲预设1：这沟又深又窄，快要十岁的小于连应该下不去。

师：这个办法在当时的条件下行不通。

▲预设2：当时火药味已经非常浓烈了，意味着马上就会爆炸，这时跑去喊人的话，已经来不及了。

师：时间紧迫，解决问题的方法必须要快！

▲预设3：用水灭火这个办法是可行的，但远水救不了近火，只能在近处寻找。

　　小结：通过设想和结合当下实际情况的推测，我们发现在近处迅速地找到水才是救火的唯一办法。相信如何化解这场危机，同学们心中已经有了答案，请在课后书写在自己的研究报告中。

> **说明**：在体会"船长"方法之妙的过程中，学生的思维得到了有层次、全面性地锻炼。教师引导学生先后代入水手与船长的角色，通过设想其他的救人办法，再结合当下的情境，依托课文，有理有据地进行分析、比较、表达、论证自己的观点，从而发现这些办法都存在危险，只有船长用枪威逼孩子跳水是最优选择，从中掌握"聪明人"船长的思维过程，充分感受了他是如何"急中生智"的。在后续的任务活动中，学生也运用了同样的思维过程，先设想，再依据当下的危急情境，对备选方法进行比较、筛选，最后选择出恰当的解决方法，将思维过程进行迁移，达到学以致用的成效。

（4）任务推荐表

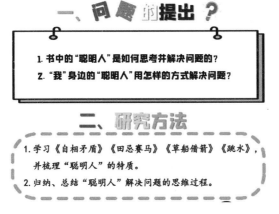

图4-4　研究目的、研究方法提示图

图4-5　研究情况整理——《自相矛盾》《田忌赛马》

图 4-6　研究情况整理——《草船借箭》《船长》

图 4-7　研究结论——"聪明人"的特质

任务二：记录"聪明"之事

（1）任务要点

基于文本学习，将视角由阅读迁移至生活，挖掘并制定采访计划表，完成采访并记录一位身边"聪明人"的故事，完成研究报告中的"研究成果"。

（2）操作流程

| 计划采访 | 制定采访计划表，采访身边的一位"聪明人" |
| 完成报告 | 记录下身边"聪明人"的故事，完成"研究成果"记录。 |

图4-8 任务二流程简图

制定采访计划：需要了解什么是采访，采访前需要做哪些准备，可以从哪些方面提问，学会运用思维导图的方式制定一份采访计划表，包含采访时间、采访对象及问题设计，并依据计划对自己身边的"聪明人"进行一次采访，运用多种方式完成采访记录。

完成"研究成果"：依据采访记录，明确自己的选材，并运用学过的写作方法记录下身边这位"聪明人"的故事，重点将他的"聪明之处"写具体，450字左右。最终，完成"研究成果"的撰写。

（3）教学片段

采访身边的"聪明人"教学片段

1. 明确任务，认识采访。

● 导入任务。

师：同学们，在我们身边，也有许多像课本中的"孙膑""船长"这样的"聪明人"，他们也许是你的父母长辈，也许是你的同伴好友，也许是你并不熟悉的某一位……想要了解他，有一个很好的方式，就是进行人物采访，今天我们就一起来学习如何采访。

● 带领学生认识采访。

师：什么是采访呢？

▲预设：采访就是通过提问，调查一件事。

师：说得不错，采访就是为了收集信息而对某个人进行观察、调查、访问、记录等活动，通常是面对面进行的。

2. 计划采访，学会提问。

● 出示采访计划。

师：在正式采访前，我们需要做好充分的访前准备，制定一份采访计划。请看这份计划表，说一说采访包含了哪些内容。

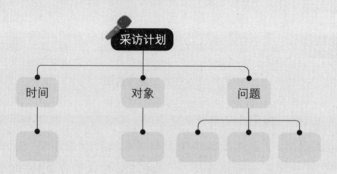

▲预设：采访计划包含时间、对象和问题三个部分。

师：是的，采访前首先要确定采访的对象，并和他确认采访的时间。如何才能找到自己身边的"聪明人"呢？

▲预设1：平时生活中，我的爸爸面对困难总是能想出许多金点子，我觉得他就是我身边的"聪明人"。

▲预设2：我的妈妈很爱看书，从书中明白了很多知识，每当我有不懂的地方询问她，她总能很快地为我解答，就像诸葛亮一样博学多识，我认为她就是我身边的"聪明人"。

师：在与身边的人相处时，我们可以从点滴细节里发现一些"聪明人"，从而确定采访对象。

▲预设3：我的爷爷喜欢下棋，他的"对手"王爷爷总能用出其不意的招式获胜，每次和我们提起他，我的爷爷总是自叹不如。我想，王爷爷如此擅长棋艺，一定是个"聪明人"！

师：真好，留心别人口中的"聪明人"，也能帮助我们确定采访对象。

● 指导提问。

师：在设计提问之前，让我们先来回顾一下在之前的学习中是如何感受"聪明人"的思维过程的。

▲预设：我们在学习《跳水》时，先了解了船长所面临的困境是什么，然后思考他是如何分析情况最终做出最优抉择的，最后归纳梳理了他的思维品质。

师：没错，我们在提问时也可以遵循这个思路。谁来交流你想到的问题？

▲预设1：我想知道他的身上有什么"聪明"的特质。

师：也就是了解这位"聪明人"聪明在何处。问题设置可以短一些，方便采访对象听清楚。

▲预设2：我想知道他是否遇到过什么问题或困境？

师：简洁又清晰，也就是从哪些事中能体现出他的"聪明"，是个不错的问题。

▲预设3：我觉得"聪明人"一定有异于普通人的地方，我想听听有哪些他想得到，我们却想不到的解决方法。

师：我明白了，你想知道这位"聪明人"用智慧分析、处理问题的细节过程。你的问题一定能给采访对象一些启发。

小结：同学们说得都不错，我们的任务是采访"聪明人"，因此，提问的设计要围绕这位"聪明人"的主要"聪明"事迹展开，多追踪细节才能便于我们更好地了解他，这也是我们设计问题的关键。

3. 依据计划，完成采访。

● 指导采访。

师：采访是一场面对面的交流，在过程中，我们还需要注意什么呢？一起来看看这段采访实录。

播放采访视频。

▲预设1：我发现在采访时要注意礼貌用语。

师：是的，"讲礼貌"是我们顺利进行采访的前提。

▲预设2：我发现采访者在提问的时候说得既简洁又清楚，声音也很响亮。

师：没错，在采访时要把自己想了解的内容"说清楚"。

▲预设3：我还发现在被采访者说话的过程中采访者听得很仔细，并认真做了记录。

师：作为一个采访者，"耐心倾听"是我们的必备素养。同时，还应该"记录要点"，便于后续的内容整理。

● 组织学生完成采访。

总结：请同学们依据自己制定的采访计划在课后展开采访，注意要把"讲礼貌""说清楚""耐心听""记要点"这四个重点融合在你的采访过程中。当然，记录的形式可以是多样的，例如：录音、录像等，请确保采访内容的完整、准确，并在采访后完成整理。

说明:首先,身边的"聪明人"未必是学生所熟悉的人,所以需要通过采访拉近两者的距离。采访对于五年级的学生而言是熟悉又陌生的"新名词",因此,在习作任务落地前,教师需要先带领学生了解什么是采访,采访前需要做好哪些准备,以便更好地完成交际任务。在采访计划中,如何提问是学生交际的难点,因此,重在指导学生沿袭之前所梳理的"聪明人"思维过程的思路着手提问。最后,再指导学生注意采访时语言和记录的要点,促进学生采访技能的提高和良好交际习惯的养成。

· ····· ■ JIAOXUEPIANDUAN ■ ····· ·

习作:《我身边的"聪明人"》教学片段

1. 借助采访,指导习作。

● 引导学生梳理采访,明确习作结构。

师:课前,同学们已经依据计划完成了对身边"聪明人"的采访。这节课,我们就要一起将这位"聪明人"的故事写下来。一篇合格的习作,首先离不开完整、清晰的结构。请对照你的采访内容,拟定一份简要的提纲。

提纲预设:

起因:我身边的聪明人是谁? 他遇到了什么问题?

经过:他是如何分析当下情况并进行思考的?

结果:他是如何解决问题的,体现了他的什么思维品质?

师:你能依据我们之前所学的感受"聪明人"思维过程的步骤,合理、清楚地划分自己的采访内容,真棒! 明确了习作的结构,接下来让我们一起挑选习作的内容。

● 出示习作要求,指导学生挑选素材。

师:请一位同学读一读本次习作的要求。

写一件最能体现身边"聪明人"聪明之处的事,要把事情的经过写清楚,还要把体现"聪明人"智慧的部分写具体,并记录下你的感受。

写完后,和同学交流,看看有没有把体现智慧的部分写具体,根据同学的意见进行修改。

师：一篇好的习作还离不开优秀的选材。这是小明课前完成的采访记录，请你读一读，为他挑选你认为最佳的写作内容。

采访对象	我的妈妈
采访时间	2023 年 3 月 1 日
采访记录	有很丰富的生活经验： 1. 不需要打破、品尝就能知晓生鸡蛋是否新鲜。 2. 能快速用白面包把沾到衣服上的油渍祛除得干干净净。 3. 在爸爸被蟹钳夹住了手指时立刻将水池里放满水，让爸爸把手放进去，不一会儿，螃蟹就松开了钳子。

▲预设：我认为帮助爸爸摆脱蟹钳这件事最能体现小明妈妈的"聪明"。因为这个方法是我平时不知道的，令我十分好奇。

师：我也同意你的选择。让人意想不到的解决办法才能凸显妈妈的智慧，相对于其他两件常见的事而言更有吸引力。

小结：我们可以通过比较，选取自己采访内容中最能体现"聪明人"智慧的一个事例作为习作的素材。

● 引导学生厘清思路，把事例写具体。

师：确定了写作素材，如何将体现"聪明人"智慧的部分写具体呢？回忆一下之前所学的课文，哪些内容是作者具体展开的？

▲预设 1：在《田忌赛马》中，作者具体写了孙膑是如何排兵布阵的以及孙膑在赛马过程中的表现。

师：好的，我们可以详细写这位"聪明人"在解决问题的过程中做了什么以及他的表现。

▲预设 2：在《船长》一课中，作者具体写了船长儿子面临的危险。

师：不错，将气氛烘托得如此紧张，才能更凸显船长当时的机智。我们也可以通过详细写周围的环境或他人的表现来将事例写具体。

▲预设 3：在《草船借箭》中，作者具体写了诸葛亮和其他人的对话。

师：是的，因此，我们还可以抓住"聪明人"的语言、神态、心理等描写，让这位"聪明人"更鲜活。

小结：要想将事例写具体，我们既可以直接描写这位"聪明人"解决问题时的想法、做法、说法，也可以通过对其他人或周围的环境进行描写，侧面烘托出他的智慧。最后，如果能用一两句话表达自己的感想就更好了!

2. 布置作业,完成习作。

小结:明确了习作素材和要求,就请同学们课后完成一篇450字左右的《我身边的"聪明人"》的习作,完成自己的"研究成果"。

> **说明:**在课前采访内容收集完毕的基础上,要将采访记录转化成习作,首先要迁移之前所学习的模型,明确习作的结构。接着,挑选一件最能体现"聪明人"聪明的事例。确定素材后,指导习作重点,即将体现"聪明人"聪明之处的经过部分写清楚、写具体。对于五年级的学生而言,写清楚并不太难,难点在于如何将凸显智慧的重点部分写具体。教师通过引导学生回顾之前的学习内容,思考课文中作者具体展开了哪些内容来体现主人公的"聪明",可以发现有的通过直接描写,有的则通过侧面烘托。有了这样的习作支架,学生便能运用到自己的习作中,从各个方面细细回想当时采访中的细枝末节,尤其是一些能带给自己感触的细节,这样的描写才能在凸显人物智慧的同时更吸引读者阅读,如此,一篇合乎要求的《我身边的"聪明人"》便能跃然纸上。

(4) 任务推荐表

图4-9 "研究成果"——采访计划表、故事记录表

（六）资源建设

阅读资源：《杨氏之子》《三国演义》（人民教育出版社）。

网络搜索资源：有关诸葛亮的"聪明"小故事。

视频链接资源：《十三邀》人物访谈、《环球人物采访》栏目。

（七）评价方案

1. 任务一评价方案

在寻找"聪明"之钥任务中，学生需要学习、研究课文中"聪明人"的思维过程，运用对应的思维方式解决生活中的问题，并梳理出"聪明人"的特质，完成研究报告中"研究情况整理"和"研究结论"两部分内容，评价量规如下：

表4-4　任务一评价方案

活动名称	评价标准			
	优秀	良好	合格	须努力
寻找"聪明"之钥	1. 能完整、准确地提取信息，理解"聪明人"的思维过程，独立完成研究内容整理。 2. 能正确运用"聪明人"的思维过程解决实际问题。 3. 能延伸阅读，从课内外学习资料中提取并梳理"聪明人"拥有的特质。	1. 能完整、较准确地提取信息，理解"聪明人"的思维过程，独立完成研究内容整理。 2. 能基本运用"聪明人"的思维过程解决实际问题。 3. 能从课内学习资料中提取并梳理"聪明人"拥有的特质。	1. 能提取信息，大致理解"聪明人"的思维过程，能在他人帮助下完成研究内容整理。 2. 运用"聪明人"的思维过程解决实际问题时存在一定困难。 3. 能从本单元学习文本中提取并梳理"聪明人"拥有的特质。	1. 理解"聪明人"的思维过程存在困难，在他人的帮助下依然无法完成研究内容整理。 2. 无法运用"聪明人"的思维过程解决实际问题。 3. 无法自主从单元学习文本中提取并梳理"聪明人"的特质。
评价结果				

2. 任务二评价方案

在记录"聪明"之事中，学生需要完成对身边的"聪明人"进行采访并撰写故事的任务，评价量规如下：

表4–5   任务二评价方案

活动名称	评价标准			
	优秀	良好	合格	须努力
记录"聪明"之事	1. 采访计划设计完整、恰当,能围绕采访目的,有针对性。 2. 能运用多种方式准确、真实地完成采访记录。 3. 事例选取十分典型,能运用多种描写方式充分体现被采访者的"聪明",语言生动。 4. 习作叙事结构完整,详略得当,重点部分突出。	1. 采访计划设计完整、恰当。 2. 能运用某种方式准确、真实地完成采访记录。 3. 事例选取比较典型,能运用部分描写方式体现被采访者的"聪明",语言比较生动。 4. 习作叙事结构完整,有详略意识,但重点部分不够突出。	1. 采访计划设计完整。 2. 能运用某种方式完成采访记录。 3. 能选取事例,体现被采访者的"聪明",语言较朴实。 4. 习作叙事结构完整。	1. 采访计划设计不完整。 2. 无法独立完成采访记录。 3. 事例内容空洞,语句缺乏逻辑,无法体现被采访者的"聪明",语言平淡,不流畅。 4. 习作结构不清晰,不完整。
评价结果				

（八）学生成果展示

1. 任务一成果示例

图4–10   研究报告封面

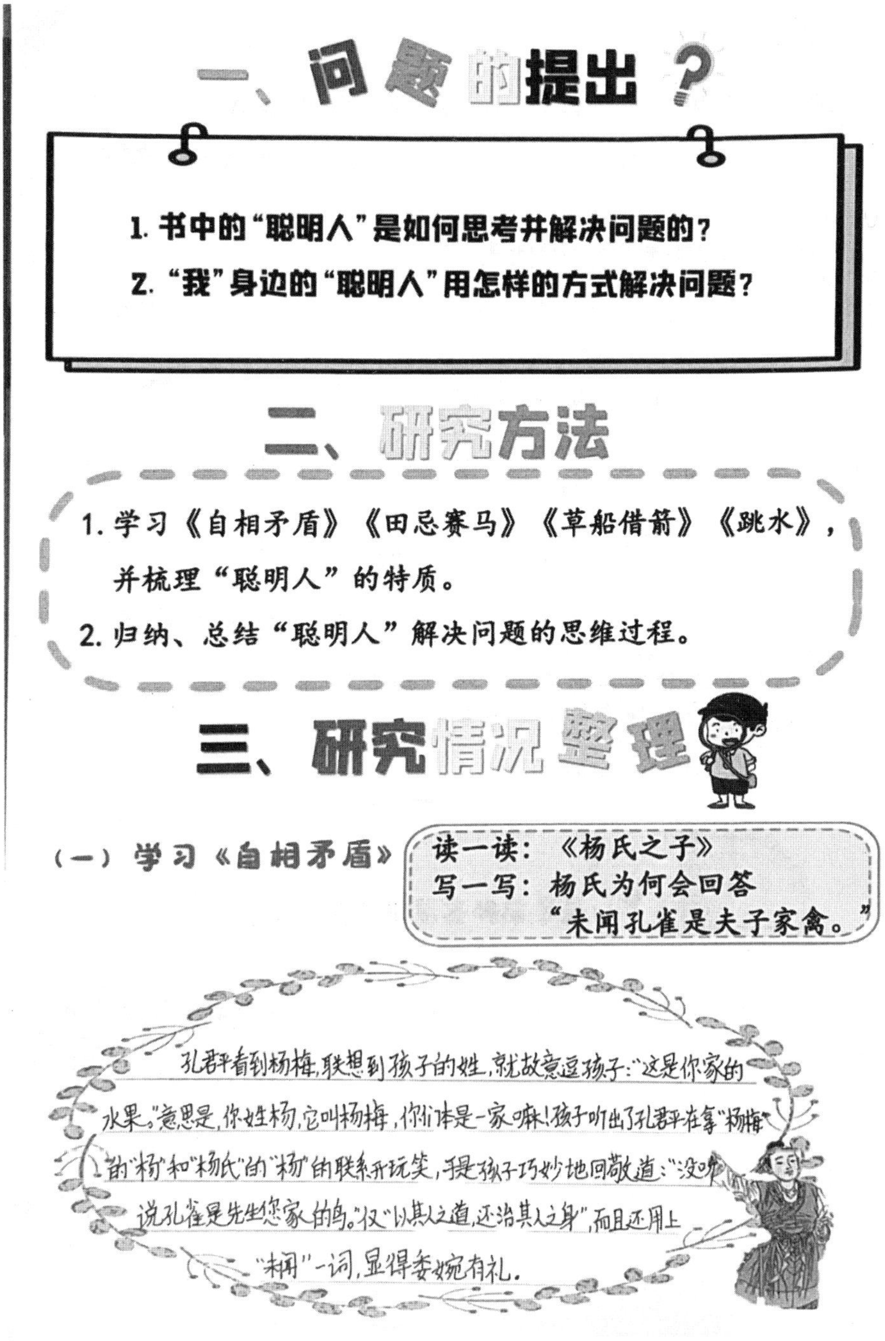

一、问题的提出？

1. 书中的"聪明人"是如何思考并解决问题的？
2. "我"身边的"聪明人"用怎样的方式解决问题？

二、研究方法

1. 学习《自相矛盾》《田忌赛马》《草船借箭》《跳水》，并梳理"聪明人"的特质。
2. 归纳、总结"聪明人"解决问题的思维过程。

三、研究情况整理

（一）学习《自相矛盾》

> 读一读：《杨氏之子》
> 写一写：杨氏为何会回答"未闻孔雀是夫子家禽。"

孔君平看到杨梅，联想到孩子的姓，就故意逗孩子："这是你家的水果。"意思是，你姓杨，它叫杨梅，你们体是一家嘛！孩子听出了孔君平在拿"杨梅"的"杨"和"杨氏"的"杨"的联系开玩笑，便孩子巧妙地回敬道："没听说孔雀是先生您家的鸟。"仅"以其之道，还治其之身"，而且还用上"禽"一词，显得委婉有礼。

图4-11-1　研究情况整理及研究结论

（二）学习《田忌赛马》

五(1)班	五(2)班
1号：230下	1号：220下
2号：205下	2号：200下
3号：180下	3号：175下
4号：160下	4号：155下
5号：145下	5号：140下

画一画：跳绳"月月赛"对阵图。

本次比赛每局计时一分钟，采用五局三胜制，若大家都能正常发挥，五(2)班如何才能取胜？

场次	五(1)班	五(2)班	获胜方
第一场	①号	⑤号	五(1)班
第二场	②号	①号	五(2)班
第三场	③号	②号	五(2)班
第四场	④号	③号	五(2)班
第五场	⑤号	④号	五(2)班

（三）学习《草船借箭》

读一读：关于诸葛亮的其他故事。
写一写：故事中诸葛亮的思维过程。

我阅读的有关诸葛亮的故事是：《空城计》

故事中他的思维过程：诸葛亮考虑到敌强我弱，以自己的实力难以取胜。他利用司马懿多疑的性格弱点，打心理战，大开城门，自己在城楼上弹琴，凭借强大的内心，临危不乱，迷惑对方，使司马懿不战自退。

图 4-11-2　研究情况整理及研究结论

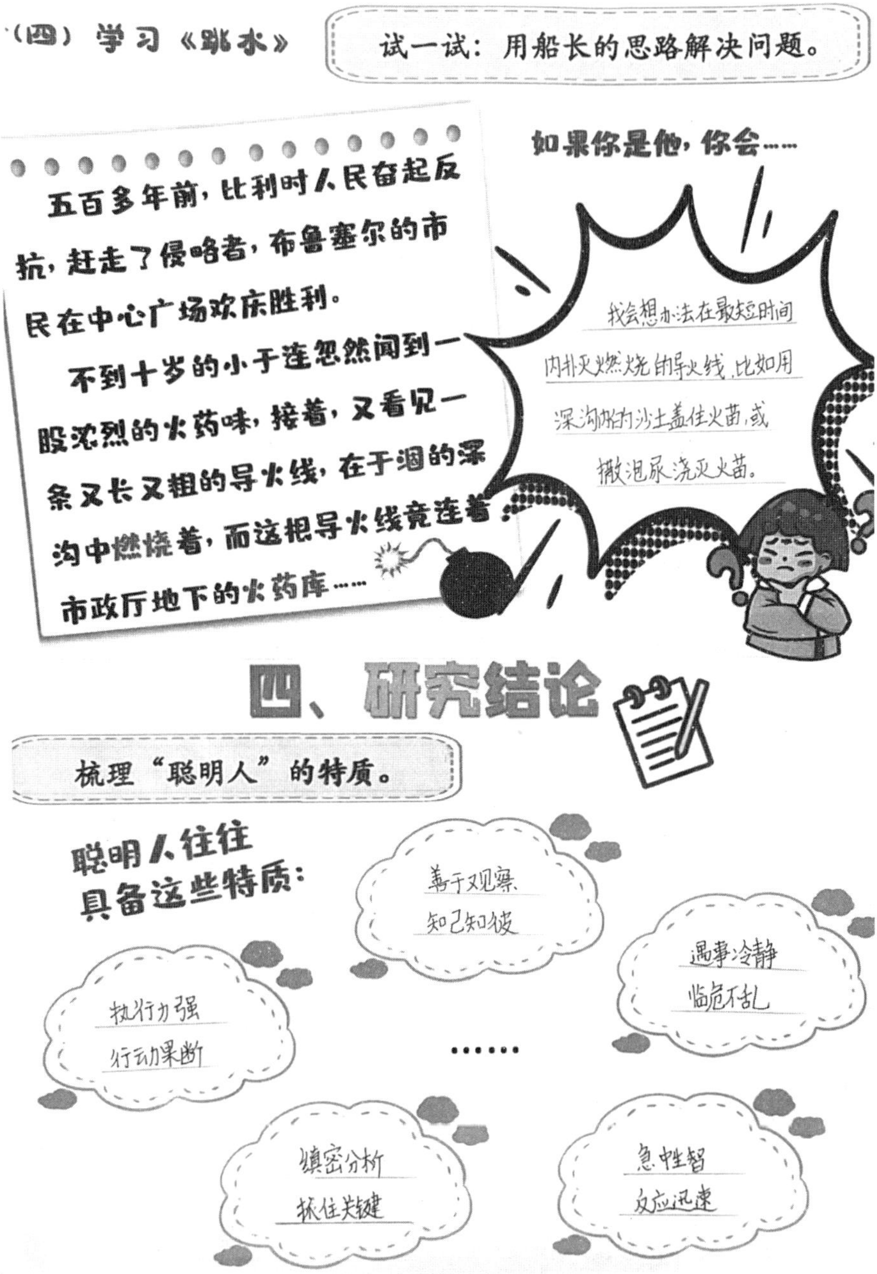

（四）学习《跳水》　试一试：用船长的思路解决问题。

如果你是他，你会……

五百多年前，比利时人民奋起反抗，赶走了侵略者，布鲁塞尔的市民在中心广场欢庆胜利。

不到十岁的小于连忽然闻到一股浓烈的火药味，接着，又看见一条又长又粗的导火线，在于涸的深沟中燃烧着，而这把导火线竟连着市政厅地下的火药库……

找会想办法在最短时间内扑灭燃烧的导火线，比如用深沟的沙土盖住火苗，或撒泡尿浇灭火苗。

四、研究结论

梳理"聪明人"的特质。

聪明人往往
具备这些特质：

善于观察
知己知彼

遇事冷静
临危不乱

执行力强
行动果断

……

缜密分析
抓住关键

急中生智
反应迅速

图4-11-3　研究情况整理及研究结论

2. 任务二成果示例

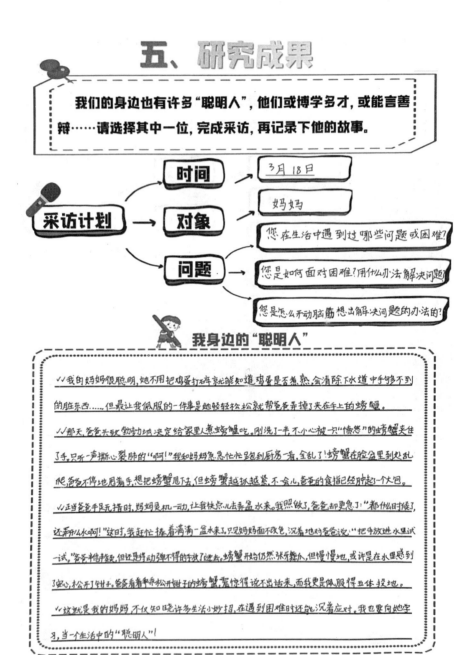

图 4-12 研究成果

学 习 任 务 群 五

整本书阅读

一、内涵阐释

"整本书阅读"学习任务群属于拓展型学习任务群，《义务教育语文课程标准（2022年版）》指出这一学习任务群旨在引导学生在语文实践活动中，根据阅读目的和兴趣选择合适的图书，制定阅读计划，综合运用多种方法阅读整本书；借助多种方式分享阅读心得，交流研讨阅读中的问题，积累整本书阅读经验，养成良好阅读习惯，提高整体认知能力，丰富精神世界。

结合课程标准与教学实践来看，整本书阅读任务群学习活动的设计对小学生的成长和发展具有以下重要价值。

（一）融合各种学习技能，有助于提升学生的语文素养

叶圣陶曾说过："语文课的课文只是例子，要提高学生的语文素养，仅仅读几个例子是远远不够的。"课堂中单篇课文的学习，使学生在教师的指导下学习各种阅读方法，发现语言表达的规律；而整本书阅读活动的开展则给予了学生习得的时空，学生可以在阅读时运用课堂中学习的阅读方法，在阅读实践中形成自己的阅读策略。整本书阅读是课堂语文学习的延伸，意味着学生的阅读从篇章跨越至整本书，将有助于学生阅读素养的提升。

例如，学生在三年级下册第二单元阅读了寓言故事，这一单元的阅读要素为"读寓言故事，明白其中的道理"，即学生能自主推导出故事隐含的寓意，思考故事带来的生活启示。通过精读课文《守株待兔》《陶罐和铁罐》《鹿角和鹿腿》和略读课文《池子与河流》的学习，学生可梳理出以下探究路径：

　　故事讲了一件什么事？

　　故事内容有什么可笑之处？为什么可笑？

　　故事想告诉我们什么道理？

　　对我们的生活有什么启示？

这样的阅读路径,使学生掌握了阅读"寓言"这一类文本的阅读方法。"快乐读书吧"栏目推荐学生阅读《中国古代寓言故事》,学生便可依据这一阅读路径自主阅读,读懂寓言,感受人类的智慧。

(二) 丰富学生阅读体验,有助于提升学生的文化审美能力

教材中的"快乐读书吧"栏目为学生提供了丰富的书目,囊括了古今中外优秀的文学作品。"寓言故事"单元不仅向学生推荐了《中国古代寓言故事》,同时也推荐了《伊索寓言》和《克雷洛夫寓言》。阅读中,学生能看到对于相同事物,人们却赋予其不同的意义;即使是描写同一事物,不同的大师亦有自己的讲述方式,语言的魅力不尽相同。又如"神话故事"主题单元推荐学生阅读中外神话故事,"神话"充满了神奇的想象,描绘了千姿百态、个性鲜明的英雄形象,阅读这类文本,不仅让学生了解了一个个神奇故事,还让他们明白古人创造神话故事,是用以表达对世界的理解。这不仅激发了学生探索世界起源的兴趣,也让学生逐步形成对神话故事类文本更深刻的认识。再如"民间故事"主题单元,推荐学生阅读中外民间故事,学生通过阅读能够发现中外民间故事所呈现出的民族价值观的不同。中国民间故事中的人物,如黄帝、炎帝等常常为了百姓无私付出,是集体主义的代表;而欧洲民间故事则更崇尚个人英雄主义。

整本书阅读活动能够打开学生的文化视野,丰富学生的阅读体验,引领学生在阅读过程中感受、比较,进而更深刻地理解中华优秀传统文化、革命文化和社会主义先进文化,树立民族价值观,建立民族文化自信。

(三) 积淀学生的阅读经历,有助于学生养成良好的阅读习惯

"快乐读书吧"的"快乐"二字明确了小学阶段课外阅读的整体定位。可见,这一阶段的课外阅读属于"享受型阅读","兴趣"和"习惯"是小学阶段整本书阅读活动的主要培养目标。在阅读中,教师的陪伴和鼓励,同伴的交流与分享,丰富了阅读活动,如阅读报告展示、朗读分享、组织好书推荐等。同时,丰富的阅读经历为学生营造了愉悦宽松、自由自在的阅读氛围,让学生在爱读、乐读中养成良好的阅读习惯,成为积极主动的阅读者,为养成终身阅读的意识和习惯打下坚实基础。

二、课程内容选择

整本书阅读任务群阅读活动中,文本选择以"激发学生读书兴趣,多读书,读好书,读整本书"为标准,以"快乐读书吧"推荐书目为主要依据,努力做到经典性、多样性、适切性,帮助学生在阅读中发展思维能力,提升思维品质,形成自觉的审

美意识,培养高雅的审美情趣,积淀丰厚的文化底蕴,继承和弘扬中华优秀传统文化、革命文化、社会主义先进文化,增强对习近平新时代中国特色社会主义思想的理解和认识,全面提升核心素养。基于以上思考,我们选择以下三类内容推荐学生阅读,并设计相应的阅读学习任务。

(一)中华优秀传统文化

推荐阅读展现中华优秀传统文化的图书,如阅读儿童故事《小鲤鱼跃龙门》《神笔马良》,阅读《中国古代寓言故事》《中国神话故事》,阅读中国四大古典名著《西游记》《水浒传》《红楼梦》《三国演义》等。在经典阅读中,让学生感受中华民族"讲仁爱、重民本、守诚信、崇正义、尚和合、求大同"的思想理念与向上向善的人文精神,继承和发扬自强不息、见义勇为、尊老爱幼等中华传统美德。

(二)革命文化

推荐阅读表现英雄模范事迹的图书,如《小英雄雨来》《雷锋的故事》《小兵张嘎》《闪闪的红星》《可爱的中国》等,了解老一辈无产阶级革命家和革命英雄人物的动人事迹,了解党领导人民革命的伟大历程和重要事件,感受革命精神。

(三)社会主义先进文化

推荐阅读优秀儿童文学名著,如《稻草人》《爱的教育》;推荐阅读反映世界文明优秀成果、科技进步的科普科幻作品、实用性文章,如中外不同版本的《十万个为什么》、高士其的《细菌世界历险记》等。通过阅读让学生了解祖国的奋斗历程,了解人类文明的新形态变化,懂得劳动创造美好生活的道理。

同时,我们也会推荐《安徒生童话》《格林童话》《伊索寓言》《克雷洛夫寓言》和《拉·封丹寓言》《希腊神话故事》等世界优秀文化作品作为补充阅读书目,引导学生博览多种样态的经典作品,拓宽个人阅读视野,更好地在阅读过程中建构精神,引领价值观。

三、教学实施建议

(一)统筹规划阅读学习方案,体现阅读过程的整体关照

整本书阅读和单篇阅读一样,需要基于特定的学习目标开展系统的、科学的语文实践活动。因此,在实施整本书阅读任务群之前,要根据课时量、学生的阅读速度等,在与学生商讨的基础上,统筹规划整本书阅读的学习方案。这一方案应当包括对整本书的文本解读、学情分析、学习目标、学习策略、学习任务、学习评价等方面内容。

整本书阅读任务群的设计其实是整本书阅读学习方案的一部分。整本书阅读任务群的设计要求学习任务之间环环相扣，形成结构化的任务链。例如，在本次整本书阅读任务群的案例设计中，我们试图设计一连串的任务，形成任务链，以此链接课内外，激发学生的阅读兴趣。

（二）设计多样性的读书交流活动，对接其他语文学习任务群

整本书阅读任务群的实施，需要通过组织多样的读书交流活动，引导学生实践阅读方法，形成良好的阅读习惯，拓宽阅读视野，从阅读输入走向阅读输出，加深对内容的理解。在指导学生进行阅读实践活动时，可以组织师生共读、亲子共读、朗诵会、故事会、戏剧节、推荐一本书等活动，为学生交流读书心得、分享阅读经验搭建平台。其次，整本书阅读活动不仅关注文本本身，也可以借助相关视频、音频等外界媒体帮助学生理解内容，还可借助信息技术为学生拓展学习空间，提供交流、展示的平台；通过阅读与鉴赏、表达与交流、梳理与探究等语文实践活动，对接其他学习任务群，在学习任务群的交叉延伸和相互渗透中，推动学生的阅读走向深处。

（三）注重考查学生在阅读过程中的真实表现，针对学情开展个性化指导

整本书阅读持续的时间较长，追踪和评价学生的真实阅读表现无疑是一个难点。在设计学习方案时需要考虑"教—学—评"的一致性。首先，可以尝试运用学习单、阅读笔记等方式，将需要考查的知识、能力、思维等落到实处；其次，在评价过程中，要注意发现、保护和支持学生阅读中的独到见解，善于发现每个学生独特的整本书阅读经验，及时组织学生交流与分享，进一步丰富整本书阅读评价的现实依据。同时，也要重视学生自我反思能力的培养，通过制作评价量表等，引导学生从阅读态度、阅读方法、阅读习惯等方面进行自我反思和改进。

四、单元教学案例

学习年级：五年级

（一）单元构建

1. 学习主题和内容

本单元将以"走进《西游记》，与人物共成长"为主题，带领学生阅读中国古典名著《西游记》，完成"西游闯关棋"的设计。学生将通过阅读《西游记》，梳理唐僧师徒四人在取经路上遇到的重重困难，分析小说主要人物的性格特点及其变化过程，理解师徒四人能够历经磨难，最终取得真经的原因。

　　《西游记》是中国四大古典名著之一，也是中国古代第一部浪漫主义长篇神魔小说，更是一个成长故事。小说以丰富的想象力塑造了一系列极富个性的人物形象，从鲜活的人物及其成长变化过程中，学生或将获得成长的智慧，促进人文素养的提升。

　　在阅读《西游记》的过程中，学生将运用课内学习的阅读策略，如提取文本主要信息，归纳故事主要内容等方法持续、完整地自主完成本书的阅读，梳理人物在取经路上遇到的磨难及面对磨难他们是如何克服的，分析师徒四人成功取得真经的原因，从而深刻地认识书中人物，获得语文素养的提升。

2. 学习情境

根据以上学习主题与内容，我们将设置以下学习情境：

　　唐僧师徒四人在取经路上经历了哪些磨难？他们又是如何面对这些磨难的？他们为何能历经磨难，最终取得真经？让我们带着这些问题，走进《西游记》寻找答案，和书中人物共同成长。

　　本次整本书阅读活动，我们将选取由人民教育出版社出版，由曹文轩、陈先云主编的原著版《西游记》作为阅读文本（见右图）。

　　《西游记》是一部长篇章回小说，我们将分三个阶段，完成整本书的阅读：

　　阅读本书的第1至第22章回，初步了解小说中的主要人物，建立人物档案，制作棋子。

　　继续阅读本书的第23至第98章回，绘制师徒四人的取经路线图。选择自己认为对西天取经具有关键影响的事件，借助山形图归纳、梳理故事情节。

　　阅读本书的第99至第100章回，在完成整本书阅读的基础上，绘制棋盘；思考唐僧四人西天取经成功的原因，设计游戏规则，完成一份"西游闯关棋"。

　　接下来就让我们一起"走进《西游记》，与人物共成长"吧！

3. 学习任务

本单元的学习任务设计如下图:

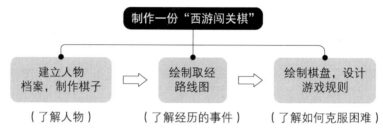

图 5-1 学习任务路径图

本次整本书阅读活动的时长,我们确定为 12 周。通过阅读古典名著《西游记》,学生将为唐僧师徒四人建立人物档案,制作棋子;了解人物经历的主要事件,绘制取经路线图;根据主要事件或阅读任务设置关卡,设计棋子行进规则,绘制"西游闯关棋"。这一阅读过程能让学生更好地把握故事情节,深刻地思考师徒西天取经成功的原因。

根据本单元的学习任务,我们分解了以下学习任务:

表 5-1 单元核心任务及子任务

单元核心任务	制作一份"西游闯关棋"	
子任务 1	建立人物档案,制作棋子。	阅读《西游记》第 1 至 22 章回。 ◆ 根据表格,完成唐僧师徒四人人物档案。 ◆ 制作"唐僧、孙悟空、猪八戒、沙悟净"人物棋子。
子任务 2	绘制取经路线图。	阅读《西游记》第 23 至 98 章回。 ◆ 梳理人物西天取经走过的地方,画出师徒四人西天取经的路线图。 ◆ 选取一至三个主要事件,利用山形图归纳主要事件的内容。 ◆ 梳理人物遇到的磨难及人物是如何克服的,完成"阅读小卡片"。
子任务 3	绘制棋盘,设计游戏规则。	阅读《西游记》第 99 至 100 章回。 ◆ 根据取经路线图绘制"西游闯关棋"棋盘,设置游戏"关卡",设计棋子行进规则。 ◆ 思考:师徒四人西天取经成功的原因是什么? 从中你获得了哪些启示? 完成"阅读感言"。

4. 文本解读

（1）作者简介。

吴承恩（约 1500 年—1582 年），字汝忠，号射阳居士，又称射阳山人，明代文学家。他自幼聪慧，博览群书，尤其喜爱神话故事；擅长绘画、书法，多才多艺。他在科举中屡遭挫折，宦途困顿，晚年便闭门著书，终老于家。

吴承恩被近现代学者认为是《西游记》的最后完成者。

（2）文体特征。

《西游记》是章回体小说，全书共一百回，通过章回的题目，读者便可了解该章回的大概内容。该书是一部群众创作和文人创作相结合的作品，作为世代累积型集体创作小说，《西游记》有着民间口头说唱文学口头叙述的特征，有市井气息、民间谚语、俗语等"下里巴人"的民间品格。

《西游记》是中国古代第一部长篇神魔小说，极富浪漫主义色彩。小说想象力丰富，作者通过想象，构建了一个神、妖、人的世界，将人与神魔的形象大胆地结合，创造出了一系列令人难以相信的人物形象。小说中塑造的孙悟空桀骜不驯、勇往直前、敢于同封建势力作斗争，这也从另一方面反映出当时的社会现实。

（3）作品价值。

《西游记》成书于明代中叶，是中国四大古典名著之一，也是中国文学史上最为杰出的浪漫主义神魔小说，具有极高的思想和艺术魅力。这部小说的学习价值主要包含以下方面。

《西游记》是一部神话作品，它以诡异的想象、极度的夸张，突破时空，突破生死，突破神、妖、人的界限，创造了一个光怪陆离、神异奇幻的境界；故事中的人物更是身奇貌异，似人似怪，神通广大，能上天入地、翻江倒海、斩妖除怪、祭宝斗法。奇人、奇事、奇境熔于一炉，读之更让人觉得变幻莫测、惊心动魄。作品大胆而丰富的想象对于激发少年儿童的想象力有着不可估量的作用。

《西游记》中唐僧师徒四人不畏艰难、不怕险阻，坚强地与困难作斗争的精神具有深刻的学习价值，这也是《西游记》思想性的体现。

《西游记》也是一个成长故事，故事中的主要人物经历重重磨难，各自发生了蜕变。如，悟空从大闹天宫时的桀骜不驯，到后来的叛逆受罚，再到最终融入团队有了自己的责任与担当，护佑唐僧完成了西天取经的任务。从人物的成长中，学生或将获得成长的智慧。

（4）学情分析。

通过课内的学习，学生在一定程度上被激发起对古典名著的阅读兴趣，同时学生也已初步掌握一些阅读古典名著的方法，如可以联系上下文猜测词句的意思，遇到难懂的词句不用反复琢磨，借助影视剧、资料等加深对故事情节的理解等。在阅读策略方面，学生已能够通过归纳主要事件来梳理小说中人物的主要经历，能抓住人物的言行分析人物性格特点来赏析人物形象。《西游记》是中国古典四大名著之一，唐僧师徒四人前往西天取经的故事早已家喻户晓，五年级的学生通过影视剧等已经对《西游记》有所了解。综上，阅读原著版《西游记》符合五年级学生的阅读水平。

学生阅读《西游记》的难点在于小说共 100 章回，篇幅较长；小说的语言不同于今日所使用的白话文，一般是以口头语为基础，夹杂一些文言成分的"古白话"，其语言风格亦会对学生阅读形成障碍。因此，完成整本书的阅读，需要学生能坚持阅读，具有良好的阅读习惯。

（二）单元教学目标

本单元的学习目标如下：

（1）梳理小说中的故事情节，归纳主要事件；

（2）梳理人物遇到的磨难及他们是如何克服的；

（3）阐述师徒四人能成功到达西天，取得真经的原因；

（4）能持续阅读，并在团队中合作、分享，完成"西游闯关棋"的制作。

（三）教学实施规划

1. 单元教学实施规划

表 5-2   单元教学实施规划

任务	学习要点	内容	周次
建立人物档案，制作棋子	◆ 根据表格，搜集人物的相关信息，如姓名、别名、年龄、身高、职业、老家、兵器、技能、主要成就、性格特点等，为唐僧师徒四人建立人物档案，对人物有初步了解。 ◆ 根据人物档案里的信息，画出人物形象，运用多种材料制作"唐僧、孙悟空、猪八戒、沙悟净"人物棋子。	《西游记》第 1 至 22 章回	第 1—2 周
绘制取经路线图	◆ 梳理人物西天取经走过的地方。 ◆ 画出师徒四人西天取经的路线图。	《西游记》第 23 至 98 章回	第 3—10 周

续表

任务	学习要点	内容	周次
	◆ 确定你觉得对取得真经起到重要影响的 1—3 个主要事件。 ◆ 利用山形图归纳主要事件的主要内容。 ◆ 梳理人物遇到的磨难，并思考他们是如何克服的。 ◆ 根据要求，完成"阅读小卡片"。		
绘制棋盘，设计游戏规则	◆ 分析师徒四人西天取经成功的原因。 ◆ 说出从师徒四人成功取得了真经这件事中获得的启示。 ◆ 根据要求，完成"阅读感言"。 ◆ 根据取经路线图绘制"西游闯关棋"棋盘，如起点、路径、终点，以及主要事件发生的背景图。 ◆ 选取一至三个主要事件或阅读任务设置相关问题，形成"关卡"。 ◆ 根据主要事件中人物各自表现或阅读任务完成情况，设计棋子行进规则，如前进、滞留、后退、跳跃。	《西游记》 第 99 至 100 章回	第 11—12 周

2. 课时教学计划

"走进《西游记》，与人物共成长"——《西游记》整本书阅读活动计划用 3 课时对学生进行阅读指导，具体安排如下：

表 5-3 课时教学计划

课时	教 学 要 点
导读课 (第 1—2 周)	1. 教师发布整本书阅读内容、任务及安排。 2. 指导学生了解"人物档案"的要素，并为孙悟空等建立人物档案。
推进课 (第 3—10 周)	1. 指导学生梳理人物西天取经走过哪些地方，并借鉴时间轴画出取经路线图。 2. 组织学生讨论对师徒四人成功取得真经具有重大影响的事件，指导学生梳理人物遇到的磨难。 3. 指导学生分析人物在主要事件中是如何克服困难的，并完成"阅读小卡片"。 4. 指导学生运用"山形图"归纳主要事件内容。
实践指导课 (第 11—12 周)	1. 指导学生分析师徒四人西天取经成功的原因，交流从师徒四人成功取得真经这件事中获得的启示。 2. 指导学生完成"阅读感言"。 3. 指导学生根据棋盘设计的要素讨论"西游闯关棋"的"起点""终点""路径"以及主要事件的背景图。

续表

课时	教 学 要 点
	4. 指导学生根据主要事件和阅读任务设计关卡。 5. 指导学生根据主要事件中人物的行为表现及阅读任务的完成情况,设计行棋规则。

(四) 学习路径

《西游记》整本书阅读活动的核心问题为:唐僧师徒四人为何能成功到达西天,取得真经? 在这一核心问题的引领下,本次整本书阅读活动的学习路径如下:

首先,阅读《西游记》第1至22章回。本书的前22章回,孙悟空、唐僧、猪八戒、沙悟净等主要人物出场,学生可提取相关信息,如人物名称、外貌、装束、武器、性格等特点,建立人物档案,设计符合人物形象的棋子。

其次,阅读《西游记》第23至98章回,梳理人物走过的地方,画出取经线路图;选择主要事件,借助山形图归纳事件主要内容;梳理人物遇到的磨难以及他们是如何克服的,完成"阅读小卡片"。

最后,继续阅读《西游记》第99至100章回。回顾人物经历,抓住主要事件,思考师徒四人西天取经成功的原因及从师徒四人成功取得真经这件事中获得的启示,完成"阅读感言"。小组合作根据取经线路图绘制棋盘,设定游戏规则,完成"西游闯关棋"的制作。

核心问题设计为:唐僧师徒四人为何能成功到达西天,取得真经? 带给你的成长感悟是什么?

为了解决这个核心问题,设计问题链如下:

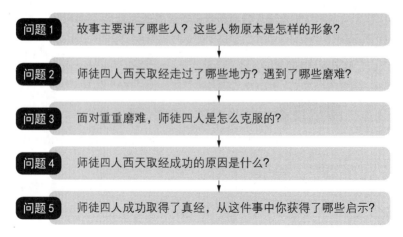

图 5-2 问题链设计

（五）具体实施方案

1. 各项任务与问题链的设计

表5-4　各项任务与问题链设计

任务	问 题 链
任务一： 建立人物档案,制作棋子	问题1： 故事主要讲了哪些人? 这些人物原本是怎样的形象?
任务二： 绘制取经路线图	问题2： 师徒四人西天取经走过了哪些地方? 遇到了哪些磨难?
	问题3： 面对重重磨难,师徒四人是怎么克服的?
任务三： 绘制棋盘,设定游戏规则	问题4： 师徒四人西天取经成功的原因是什么?
	问题5： 师徒四人成功取得了真经,从这件事中你获得了哪些启示?

2. 各项任务实施阐述

任务一：建立人物档案，制作棋子

（1）任务要点

提取小说中的相关信息,为主要人物制作人物档案,并根据人物档案设计人物形象,制作"西游闯关棋"棋子。

（2）操作流程

课堂指导　共同设计完成"悟空"人物档案。

自由阅读　独立设计完成"唐僧"等人物档案。

小组合作　小组合作,制作人物形象棋子。

图5-3　任务流程简图

① 共同设计完成"悟空"人物档案。

利用课堂中学习的阅读古典名著的方法，采用读读、猜猜的方法，阅读小说第 1 至 7 章回。师生共同翻阅相关章回，讨论、提取与"悟空"相关的信息，如人物的称呼、别名、年龄、身高、老家、兵器、职业、技能、性格特点、主要成就、口头禅等等，选择要素为人物设计专属"人物档案"。

② 独立设计完成"唐僧"等人物档案。

课后，学生阅读《西游记》第 8 至第 22 章回，标记相关信息，选择 1 至 2 个人物，完成"人物档案"。

③ 小组合作，制作人物形象棋子。

小组内互相交流，补充完善人物信息。然后分工合作，如制作材料收集、设计棋子样式、绘制人物形象等，完成棋子制作。

(3) 教学片段

指导设计人物档案

【课前准备】

阅读《西游记》第 1 至 22 章回。

【教学流程】

1. 揭示任务。

师：大家下过棋，知道一副棋要有棋子。今天我们就一起聊聊《西游记》中的人物，来为"西游闯关棋"设计棋子。

2. 以孙悟空为例，指导建立人物档案。

师：同学们已经完成了《西游记》第 1 至 7 章回的阅读，相信大名鼎鼎的孙悟空一定给你留下了深刻的印象。他是《西游记》中出场的第一个主要人物，我们就先来聊聊孙悟空。

● 指导交流信息，建立"孙悟空人物档案"。

师：同学们，你对孙悟空这个人物有哪些了解呢？

▲预设 1：他的名字是"孙悟空"，他的别名有"齐天大圣""美猴王""孙行者"，他还做过"弼马温"。

▲预设 2：他所使用的兵器是"金箍棒"，是从东海龙王那里得来的定海神针变成的；他的主要技能是"筋斗云"，一个筋斗能翻十万八千里呢！

师：果然，同学们都对孙悟空有了很多了解，说的时候如数家珍。孙悟空有哪些主要成就，又有哪些性格特点呢？我们继续来交流。

▲预设3：孙悟空最大的成就就是护送唐僧前往西天取得了真经，他自己也被封为"斗战圣佛"。

▲预设4：孙悟空一开始是个石猴，他活泼可爱、敢作敢为；后来到了天庭，偷摘蟠桃，又是很叛逆的；被压在五指山下的时候，他又变得有些温顺了。

师：这位同学真了不起，读到第7回就发现了，孙悟空的性格特点是在不断变化的。读完这部小说，相信我们会发现孙悟空在成长过程中的更多变化。

▲预设5：我记得书中有这样一段对孙悟空的描写：身穿金甲亮堂堂，头戴金冠光映映。手举金箍棒一根，足踏云鞋皆相称。一双怪眼似明星，两耳过肩查又硬。

师：寥寥几笔就将人物的外貌、打扮写了出来，为我们展现了一个活灵活现的美猴王的形象。

总结：刚才，我们一起交流了关于孙悟空的信息，说到了人物的名字、别名、美称、官职、技能、性格、外貌、装束以及成就等方面。这些信息能非常全面地让我们了解到人物的形象。将这些信息逐一罗列，就是一份"人物档案"，它能帮助我们画出人物形象图，相信大家一定能制作出符合人物形象的棋子！

● 组织学生自由完成"孙悟空人物档案"，并与同伴交流。

> 说明：《西游记》家喻户晓，对于主要人物形象，学生也很熟悉，制作人物棋子这一项任务对学生而言并不困难。完成人物档案，一方面可以帮助学生更细致、全面地了解人物，如对于"孙悟空"这一人物形象，通过提炼相关信息，学生就能从人物的外貌、装束等方面更深刻地理解"美猴王"这一称呼的由来；另一方面，学习自主设计人物档案，学生将懂得在阅读中可以从多方面了解一个人物的特点，这也是走进人物的第一步。

3. 布置任务。

小结：通过建立人物档案，我们对人物的了解更加全面了，再参考人物的卡通形象，在制作棋子的时候，大家一定能制作出凸显人物特点的棋子！

● 布置阶段阅读任务。

师：第一阶段我们就来阅读《西游记》第1至22章回，为唐僧、猪八戒、沙僧制作人物档案，再四人小组合作设计"唐僧、孙悟空、猪八戒、沙僧"4个棋子。

（4）任务推荐表

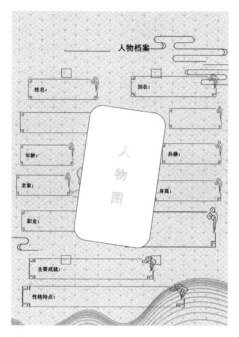

图5-4　人物档案表

任务二：绘制取经线路图

（1）任务要点

　　罗列出师徒四人取经路上经过的地方，绘制西天取经路线图。依据自己的分析，确定对西天取经影响较大的事件作为主要事件，归纳事件的主要内容。在主要事件中，梳理人物是怎么克服困难的，完成"阅读小卡片"。

（2）操作流程

课堂讨论	共同梳理人物走过的地方、遇到的重大磨难。
小组讨论	归纳主要事件的内容，梳理人物如何克服磨难。
独立完成	归纳主要事件的内容，完成"阅读小卡片"，绘制取经路线图。

图5-5　任务流程简图

① 师生共同梳理人物西天取经走过的地方,梳理人物遇到的重大磨难。

课堂中,师生共同梳理人物西天取经经过了哪些地方,经历了哪些磨难。组织讨论,梳理哪些事件对西天取经成功有较大影响。

② 小组交流学生认为的主要事件的内容,梳理人物是怎么克服磨难的。

师生共同阅读第 23 至 31 章回,以学生熟悉的"三打白骨精"这一主要事件为例,指导学生利用山形图归纳事件内容,提炼出师徒四人经历的磨难。组织小组讨论,提炼面对这一磨难,人物各自的行为表现,并分析人物是如何克服磨难的。

③ 归纳主要事件的内容,梳理人物是如何克服困难的,并完成"阅读小卡片",绘制取经路线图。

课后,学生自由阅读至第 98 章回,梳理人物经历的磨难,确定主要事件;选择一到三件事,利用山形图归纳主要事件的内容,提炼人物面对磨难的表现,完成"阅读小卡片"。

学生回顾阅读内容,梳理唐僧师徒四人西天取经路上遇到的重重磨难,画出取经路线图,并在小组内交流。

（3）教学片段

指导归纳主要事件内容、梳理人物是如何克服磨难的

【课前准备】

阅读《西游记》第 23 至第 98 章回。

【教学流程】

1. 明确学习任务。

师:这一阶段的阅读,我们将借助山形图,提取故事中的主要信息,了解人物遇到的磨难,梳理人物是如何克服磨难的,完成"阅读小卡片"。

2. 指导学生归纳主要事件内容,了解人物遇到的磨难。

● 以"三打白骨精"为例,利用山形图归纳主要事件的内容,了解人物遇到的磨难。

师:在和同学们的交流中,我发现大家对"三打白骨精"这段故事印象都很深刻。

在课堂学习中,我们已经学会用山形图来帮助自己归纳读到的内容,(出示山形图)你能借助山形图来说说"三打白骨精"这段故事的内容吗?大家可以再用比较快的速度读一读,回顾一下故事内容,再借助山形图进行梳理。

　　● 学生阅读,并试着归纳故事主要内容。

　　● 集体交流。

　　▲预设1:这一章回讲的是唐僧师徒四人行走到一座大山里,这里空无一人,也没有吃的东西,唐僧便派孙悟空去化些斋饭。白骨精知道唐僧来了,她非常想吃唐僧肉,便想办法迷惑唐僧。

　　师:这是"三打白骨精"这个故事的起因。故事接下来又是怎么发展的呢?继续交流。

　　▲预设2:孙悟空化斋回来之后,看到一个年轻女子正要施舍斋饭给唐僧吃,他一眼认出这女子是个妖怪,便一棒将她打死了。但是妖怪跑得很快,只留下一个假尸首躺在地上。

　　▲预设3:后来,白骨精变成了老妇人来寻找女儿,又被悟空识破,一棒将她打倒在地;白骨精又变成一个老汉来寻找女儿,仍然被悟空识破,一棒将其打倒在地。

　　▲预设4:最后唐僧认为孙悟空滥杀无辜,所以与孙悟空断绝师徒关系,念紧箍咒赶走了他。

　　师:这导致了什么后果呢?联系后面几个章回,想一想,再来交流。

　　▲预设:这导致了唐僧后来被黄袍老怪给抓了,还被变成了一只老虎。

　　小结:借助山形图,我们梳理、归纳了事件的主要内容;联系后面几个章回,我们便知道在这段故事中,人物遇到了什么磨难。

> 说明:利用山形图归纳事件的主要内容,这一阅读策略学生已经掌握。但今天的阅读内容与课堂学习材料相比更为复杂,因此,仍需组织学生进行讨论交流,并及时给予指导。学生利用山形图归纳的是一个章回的单一事件,而人物面临的磨难可能涉及几个章回、几件事,更为复杂,因此,教师要引导学生链接前后章回,才能真正了解师徒四人所遇到的磨难。

　　3. 指导学生梳理人物面对磨难的行为表现。

　　● 面对磨难,人物的行为表现是怎样的呢?

　　▲预设1:猪八戒在悟空打死白骨精变成的女子、老妇人、老汉时,都要

在唐僧耳边煽风点火，让唐僧以为悟空打死的是普通凡人，才念了那么多遍的紧箍咒。后来，他找不到吃的又打不过黄袍老怪，意识到没有孙悟空是不行的，所以就去请孙悟空回来。即使被孙悟空刁难，他也不放弃，最后用激将法把孙悟空请回来了。

▲预设2：唐僧虽然本是个正直善良的人，但在这个故事中还是听了猪八戒的话，没能识辨出妖魔，更没能明辨是非，最后还把孙悟空赶走了。当他再一次被抓走，了解到真相，还被变成老虎后，他后悔了，认识到自己错怪了孙悟空。

▲预设3：沙僧虽然没有说什么，也没有做什么，但他还是非常靠谱的，悟空走的时候，把师傅的安危托付给了他，他时时牢记要看护师父。

▲预设4：孙悟空一开始是很生气的，就回了花果山。但其实他心里还是很记挂师傅，所以在受到猪八戒激将后，他就回去救师傅了，这才化解了这次危机。

小结：(出示阅读小卡片)在遭遇危机时，沙僧牢记大师兄的托付尽心尽力保护师傅；猪八戒和唐僧也都认识到了自己的错误，尤其是八戒，能努力补救自己的过失；而孙悟空也认识到了自己身上的责任。这才使这个团队重新回到一起，化解危机，再次走上西天取经的道路。

阅读中，我们可以边读边梳理面对磨难每个人物的表现，并记录在这张阅读小卡片上。它不仅能帮助我们了解故事的发展，也许还会给你带来更多启发。

4. 小结并布置阶段阅读任务。

小结：唐僧师徒在取经路上历经九九八十一难，我们在阅读的过程中，读到这样的事件时，可以用山形图来帮助自己归纳一下故事情节，梳理人物在困难中的不同表现，这样你一定会有更多的收获。

● 布置阶段阅读任务。

确定1—3个主要事件，借助山形图归纳这些事件的内容，梳理人物遇到的困难，以及人物是如何克服磨难的，完成阅读小卡片。

继续阅读《西游记》至第98回，画出取经路线图。

（4）任务推荐表

①西天取经路线图。

②运用山形图归纳主要事件的内容。

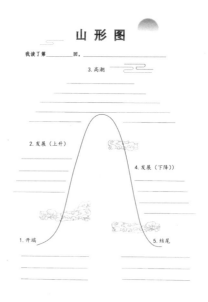

图5-6　山形图

③我的阅读小卡片。

图5-7　阅读小卡片

任务三：绘制棋盘，设定游戏规则

（1）任务要点

完成《西游记》整本书的阅读，梳理人物西天取经的经历，分析取经成功的原因，说出从师徒四人成功取得真经这件事中获得的启示，完成"阅读感言"卡；根据取经路线图设计"西游闯关棋"棋盘，并根据主要事件或阅读任务设计相关问题作为"关卡"及行棋规则。

（2）操作流程

集体交流　分析取经成功的原因，交流获得的启示，完成"阅读感言"卡；了解棋盘设计的要素。

小组交流　根据主要事件和阅读任务设计关卡。

小组合作　绘制棋盘，设计行棋规则。

图5-8　任务流程简图

① 分析取经成功的原因，交流获得的启示，完成"阅读感言"卡；了解棋盘设计的要素。

组织学生展开讨论，共同分析师徒四人成功取得真经的原因，交流自己从这件事中获得的启示，完成"阅读感言"卡。指导学生了解棋盘的三要素，根据棋盘设计要素确定"西游闯关棋"的"起点""终点"和"路径"，设计主要事件的背景图。

② 根据主要事件和阅读任务设计关卡。

选择自己确定的主要事件，根据人物的各自经历和表现讨论行棋和任务关卡内容。如人物勇敢战胜妖魔时，人物被妖魔捕获时，当队友还没有完成任务时，相关人物该如何行棋。在游戏过程中，可完成阅读任务进行通关。如说出孙悟空三次被唐僧念紧箍咒惩罚时不同的表现是什么，从中你感受到人物怎样的变化；说说师徒四人西天取经成功的原因是什么；说说你从某一个人物身上获得了什么成长的启示。小组根据确定的主要事件展开讨论，设计棋盘关卡。

③ 绘制棋盘,设计行棋规则。

小组讨论"西游闯关棋"棋盘的设计与美化,如起点、终点和路径曲直的布局,每一次事件发生场景的展现,棋格数的设置和美化等。根据先前讨论制定具体的行棋规则,或跳跃前进,或连续掷骰,或原地停留,或进入指定场景等待救援,或倒退格数等。小组内分工合作完成棋盘制作和行棋规则的制定。

(3) 教学片段

绘制棋盘,设计游戏规则

【课前准备】

阅读《西游记》第 99 至 100 章回。

【教学流程】

1. 指导学生设计"西游闯关棋"棋盘。

● 明确棋盘设计要素。

师:我们下过很多棋,比如说飞行棋、弹弹棋、冒险棋、大富翁。你们有没有关注过棋盘? 仔细观察后,你发现棋盘上有些什么?

▲预设 1:棋盘上有起点和终点,还有棋子行走的路线。

▲预设 2:棋子行走的路线有的是笔直的,有的是弯弯曲曲的。它是由彩色的格子连成,棋子可以在格子里走。

师:观察得很仔细。起点、终点和这些彩色格子连起来的路径,就是棋盘要具备的要素。棋盘上"起点"和"终点"的设置简单、明确;路径的设计可以根据需要,自由设计它的形状,可以是笔直的,也可以是弯弯曲曲的,还可以互相穿插,带给人立体感。

▲预设 3:棋盘上还有一些图案,我发现它们标识着一些情境,也让棋盘更加美观。

师:你很会欣赏,发现了这些背景图的作用。

● 指导设计"西游闯关棋"棋盘。

师:我们了解了棋盘设计的要素:起点、终点和路径,知道了可以画一些背景图,这样不但能让棋盘更美观,还能让下棋的人有身临其境之感。那你们准备怎么来设计"西游闯关棋"的棋盘呢?

学生小组讨论。

集体交流。

▲预设1：唐僧是从东土大唐出发的，我们认为"西游闯关棋"的起点是长安；终点也是长安，因为他最后回到东土大唐才算是成功完成了西天取经这一使命。

▲预设2：我们觉得师徒四人去西天取经经历了很漫长、很艰辛的路程，所以我们想把路径设计成"s"形，表示道路崎岖，充满艰难。

▲预设3：在去西天取经的过程中，师徒四人经历了许多磨难，如遭遇了白骨精，被困盘丝洞，走过火焰山等等，我们可以在棋盘上画一些具有标志性的人或情境的图案，这样整个棋盘就会充满趣味性。

师：你们很会动脑筋。刚才有同学提到我们梳理的主要事件，老师也有一个建议，那就是可以抓住这些"主要事件"来设计棋格的变化，把一格变成几格，走到这里需要多走几格才能到达下一地点，来表示师徒四人历经艰难险阻。

2. 指导学生设计行棋规则。

● 指导学生以"三打白骨精"为例，设计行棋规则。

师：我们在下棋的时候，经常会遇到一些关卡，或是一些小任务，也可能是几个陷阱，让整个游戏过程变得惊心动魄，充满挑战。我们也可以根据"主要事件"和阅读任务来安排一些关卡，并设计行棋的规则。以"三打白骨精"为例，想想怎么设计。

▲预设1：孙悟空走到这里因被师傅赶走，所以我们设计的规则是，悟空要回到花果山休息，等到猪八戒来邀请他，他才能重新回到棋盘中。

师：孙悟空被驱逐回花果山，要等待八戒的邀请才能重新回到游戏中，这是根据故事情节，大家设计的行棋规则。

▲预设2：八戒走到这里因为贪吃进谗言而被罚，倒退一格；唐僧因为偏信八戒错怪了孙悟空，他也要被取消一次行棋权利。

▲预设3：沙悟净忠心耿耿片刻不离师傅，可以获得奖励跳跃一格。

小结：真不错，我们把主要事件作为关卡，就可依据事件中人物各自不同的表现来设计行棋规则。

● 指导学生添加阅读任务，丰富行棋规则。

师：那有什么办法，能让有一颗赤子之心的孙悟空快速回到游戏中呢？

▲预设1：可以让拿孙悟空这个棋子的同学回答一个问题，比如这个片段师徒四人遇到了什么磨难？他们是怎么克服的？悟空便能够获得回到游戏的机会。

师：真是一个好办法。在我们设计的游戏棋中，就可以有这样一类阅读任务的设计。抽取任务卡，完成任务，可以获得重新游戏的机会，或者跳跃前进的机会。

▲预设2：我们还有个想法，那就是在行棋到终点时都要倒退一格，人人要抽取并完成一个阅读任务，才能进阶到终点。比如师徒四人成功取得真经的原因是什么？你从他们成功取得真经这件事中获得了什么成长启示？

师：很棒的建议！我们可以继续在小组里讨论，在主要事件中，或一些关键时间点，设计这样一类阅读任务，并记录在"阅读任务设计表"中，帮助自己更好地设计"西游闯关棋"。

小结：相信你们设计出的"西游闯关棋"一定充满了魅力，不仅能让大家玩得开心，还能收获满满的成长智慧。

3. 布置阶段阅读任务。

● 完成"阅读感言"卡。

● 根据主要事件和阅读任务设计关卡，完成棋盘制作。

● 根据主要事件中人物的行为表现以及阅读任务的完成情况，设计行棋规则。

（4）任务推荐表

①"西游闯关棋"棋盘。

②"阅读小任务"设计。

表5-5 "阅读小任务"设计表

使用场景	阅读小任务	参与角色	完成奖励
三打白骨精	说说在这段故事中，师徒四人遇到的磨难是什么。	孙悟空	回到退出点，继续游戏。
	……		
终点前一格	1. 说说师徒四人成功取得真经的原因是什么。 2. 说说你从取经成功这件事中获得的成长启示是什么。	唐僧 孙悟空 猪八戒 沙悟净	进阶到"终点"。

③“阅读感言”卡。

西游记　阅读感言

唐僧师徒四人历经磨难，最终取经成功，你认为他们取经成功的原因是什么？请写出理由，并加以阐述。

理由1：________________________________

____

理由2：________________________________

____

从师徒四人成功取得真经这件事中，你获得了什么启示？提笔写一写和你的同伴分享一下吧！

____

____

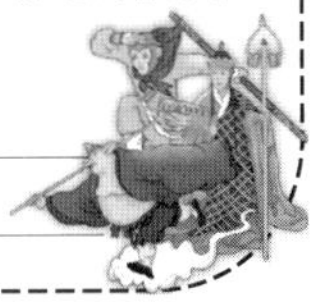

图5-9　“阅读感言”卡

(六) 资源建设

建议观看：1986年央视版《西游记》。

1958年版《西游记》动画片。

1961年版《孙悟空大闹天宫》动画片。

(七) 评价方案

表5-6　评价方案

项目名称		评价标准	评价	
			自评	互评
阅读习惯		能自己坚持将《西游记》读完。		
		能在团队督促中将《西游记》读完。		
		能在教师提醒下将《西游记》读完。		
策略运用	1	能独立运用山形图、时间轴正确梳理事件。		
		能运用山形图、时间轴梳理事件，基本正确、完整。		
		能在同伴、老师的帮助下完成事件梳理。		
	2	能独立、正确梳理人物表现，完成“阅读小卡片”。		
		能基本正确、完整地梳理人物表现，完成“阅读小卡片”。		
		能在同伴、老师的帮助下梳理人物表现并完成“阅读小卡片”。		

项目名称	评价标准	评价	
		自评	互评
3	能独立分析并有理有据地阐述,完成"阅读感言"卡。		
	能在集体讨论后,按要求完成"阅读感言"卡。		
	能在同伴、老师的帮助下完成"阅读感言"卡。		
活动参与	在合作交流中,主动承担任务,或提出对大家有建设性的意见。		
	在合作交流中,能与同伴一同完成分工任务。		
	在合作交流中,是一位倾听者。		

注:如达到评价标准里的内容,请在相应的选项后面打"√"。

（八）学生成果展示

与小组同学合作,共同制作"西游闯关棋"。

（1）人物档案。

图5-10　人物档案学生作品

（2）取经线路图。

 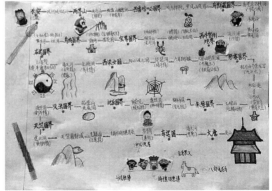

图5-11　取经路线图学生作品

（3）山形图。

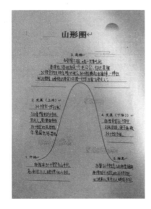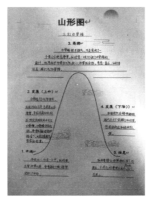

图 5-12　山形图学生作品

（4）"我的阅读小卡片"。

图 5-13　阅读小卡片学生作品 1

图 5-14　阅读小卡片学生作品 2

（5）“阅读感言”卡。

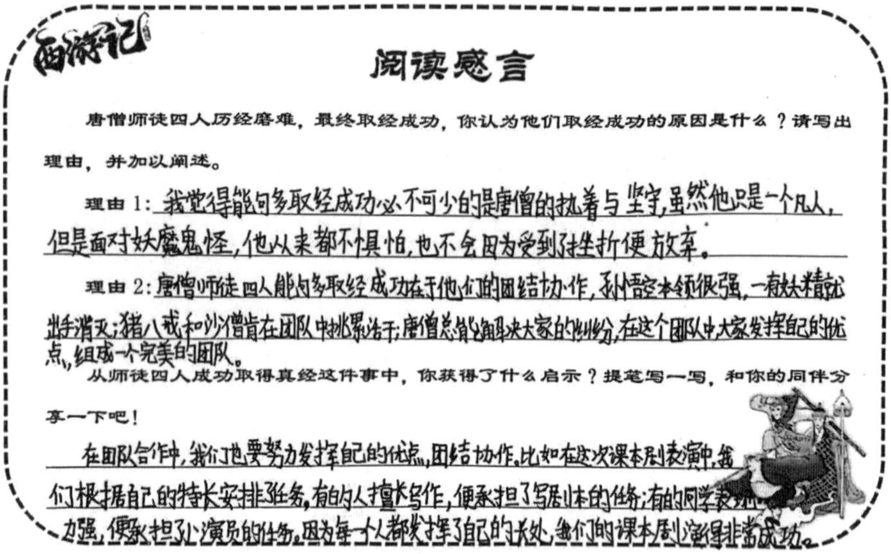
西游记

阅读感言

唐僧师徒四人历经磨难，最终取经成功，你认为他们取经成功的原因是什么？请写出理由，并加以阐述。

理由1：我觉得能够多取经成功必不可少的是唐僧的执着与坚守，虽然他只是一个凡人，但是面对妖魔鬼怪，他从来都不惧怕，也不会因为受到了挫折便放弃。

理由2：唐僧师徒四人能够多取经成功在于他们的团结协作，孙悟空本领很强，一有妖精就出手消灭；猪八戒和沙僧肯在团队中挑累活干；唐僧总能调解大家的纠纷，在这个团队中大家发挥自己的优点，组成一个完美的团队。

从师徒四人成功取得真经这件事中，你获得了什么启示？提笔写一写，和你的同伴分享一下吧！

在团队合作中，我们也要努力发挥自己的优点，团结协作。比如在这次课本剧表演中，我们根据自己的特长安排任务，有的人擅长写作，便承担了写剧本的任务；有的同学表现力强，便承担了演员的任务。因为每一个人都发挥了自己的长处，我们的课本剧演得非常成功。

图5-15　阅读感言学生作品1

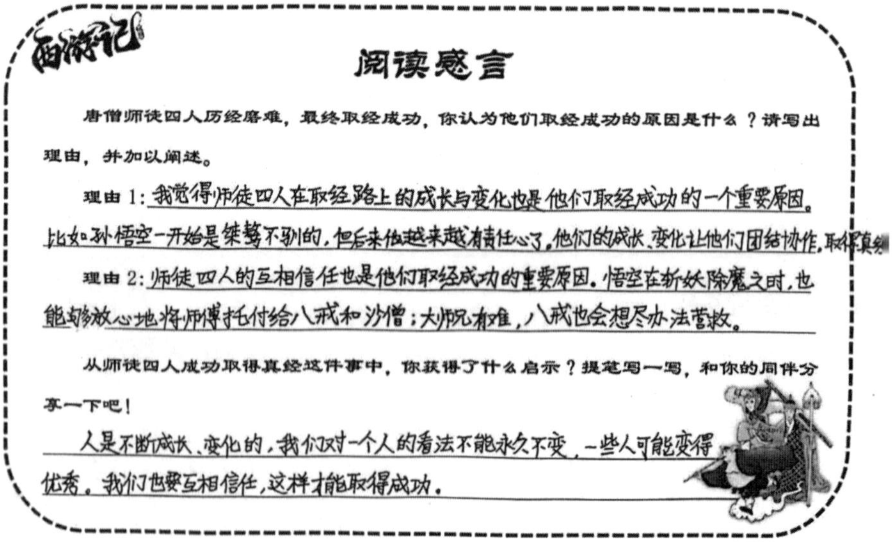
西游记

阅读感言

唐僧师徒四人历经磨难，最终取经成功，你认为他们取经成功的原因是什么？请写出理由，并加以阐述。

理由1：我觉得师徒四人在取经路上的成长与变化也是他们取经成功的一个重要原因。比如孙悟空一开始是桀骜不驯的，但后来他越来越有责任心了。他们的成长、变化让他们团结协作，取得真

理由2：师徒四人的互相信任也是他们取经成功的重要原因。悟空在斩妖除魔之时，也能够放心地将师傅托付给八戒和沙僧；大师兄有难，八戒也会想尽办法营救。

从师徒四人成功取得真经这件事中，你获得了什么启示？提笔写一写，和你的同伴分享一下吧！

人是不断成长、变化的，我们对一个人的看法不能永久不变，一些人可能变得优秀。我们也要互相信任，这样才能取得成功。

图5-16　阅读感言学生作品2

（6）"西游闯关棋"。

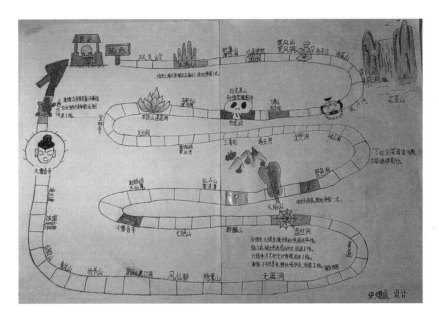

图 5-17　西游闯关棋

跨学科学习

一、内涵阐释

《义务教育语文课程标准(2022 年版)》首次提出了"跨学科学习"学习任务群。"跨学科学习"是指"超越一个单一的学科而进行的涉及两个或两个以上学科的研究或教育活动"。"跨学科学习"属于拓展型学习任务群,具有综合性、实践性和开放性的特征,它为"语言文字积累与梳理""实用性阅读与交流""文学阅读与创意表达""思辨性阅读与表达""整本书阅读"学习任务群提供综合演练的实践场域和运用契机。"跨学科学习"学习任务群的内容建设与实施具有挑战性。师生在语文实践活动中,可联结课堂内外、学校内外,拓宽语文学习和运用领域,围绕学科学习、社会生活中有意义的话题,开展阅读、梳理、探究、交流等活动,在综合运用多学科知识发现问题、分析问题、解决问题的过程中,提高语言文字运用能力。这样一种探究式学习,能够全方位联结学生的学习体验和生活实际,激发学生学习语文的兴趣,提高学生解决问题的能力。

二、课程内容选择

(一) 立足语文本位,优选学习内容

跨学科学习体现为多学科的融合学习,表现为其他学科对语文学习的支持,在跨学科学习中提升语文能力与素养。实践中,立足语文本位,在基于学情的基础上,优选教材资源作为学习任务群的学习内容,能够进一步引导学生发展语文核心素养。

比如四年级围绕"轻叩诗歌大门"主题,安排了"我是校园小诗人"跨学科学习。《短诗三首》《绿》《白桦》《在天晴了的时候》是不同作家、不同风格的四篇中外现代诗歌作品。学习《短诗三首》,学生能初步了解现代诗歌的特点,体会现代诗歌的韵味。课后,学生通过阅读报纸、书籍等方式,收集自己喜欢的现代诗歌,进一步感受现代诗歌的特点。学习《绿》《白桦》《在天晴了的时候》后,学生开始尝试

创作现代诗,以此来表达自己的情感。班级学生在自我创编的基础上,结合艺术学科,采用小组合作的方式编写小诗集、举办诗歌朗诵会。教师可优选教材资源作为学习任务群的学习内容,引导学生走进丰富多彩的诗歌世界,体会诗歌的情感。

(二) 根植生活沃土,激发探究热情

"跨学科学习"学习任务群根植于生活的沃土,能更好地激发学生探究的热情。陶行知先生曾说:"生活即教育,社会即学校,教学做合一。"生活具有教育意义,生活决定了教育,教育不能脱离了生活。《义务教育语文课程标准(2022年版)》中围绕生活主题在不同学段提出了不同的学习内容。第一学段的学习内容有"在班级、学校或家里养护一些绿植或者小动物。综合运用语文、科学、数学等多学科知识,学习日常观察和记录"。第二学段的学习内容有"尝试运用科学、艺术、信息科技等相关知识和技能,富有创意地设计并主动参与朗诵会、故事会、戏剧节等校园活动"。第三学段的学习内容有"选取衣食住行、学校、地球、太空等某个方面,设计人工智能时代的未来生活,运用多样形式丰富自己的语言表达,呈现与分享奇思妙想"。这些学习内容,无论哪一个学段,涉及的都是学生日常生活的情境,体现了语文课程生活化的旨趣。

五年级是小学毕业年级,围绕"难忘的小学生活"主题,可以组织学生开展"小脚丫足迹"跨学科学习。教学《老师领进门》《作文上的红双圈》,帮助学生了解不同时代的作者对自己难忘的小学生活的回忆,促使学生在阅读中产生联想,回忆自己的校园生活,产生表达的愿望,激发对老师的感激之情。组织学习《如何制作成长纪念册》,学生通过收集、筛选、分类整理资料,运用信息科技和美术学科的知识技能,尝试制作一份属于自己的《成长纪念册》。在阅读《我为少男少女们歌唱》《聪明在于学习,天才在于积累》《给家乡孩子的信》《毕业赠言》的基础上,小组合作完成毕业联欢会活动策划书的撰写,并结合信息科技和艺术学科,筹办一台毕业联欢会。根植生活沃土开展跨学科学习,能更好地激发学生学习与探究的热情,还原学生语文知识技能运用的真实情况。

(三) 获得文化体验,发挥育人功能

"跨学科学习"围绕立德树人根本任务,通过丰富的语文实践活动感知、体验、理解和传承中华文化,运用多种形式表达自己的文化体验,从而发挥其独特的育人功能。第一学段可以参与学校、社区举办的节日和风俗活动,留意身边的传统节日、风俗习惯等文化现象,感受和学习生活中的中华优秀传统文化;第二学段可以关注传统节日节气、民俗风情、民间工艺、历史和传说等;第三学段可以体验、感

知、传承中华优秀传统文化,运用多种形式分享自己的经验与感受。

围绕"中华传统节日",三年级可以安排一次以"你好,中国节!"为主题的跨学科学习。学习《古诗三首》,通过收集资料,发现传统节日的文化元素,提升对传统节日的认识;学习《纸的发明》《赵州桥》《一幅名扬中外的画》,通过介绍传统节日美食或手工作品的制作过程,让传统节日民俗更加具象化;在了解传统节日及其相关习俗的基础上,以不同的方式展示跨学科学习的成果。

三、教学实施建议

(一)整合教学资源,定位学科连接点

跨学科学习是多学科的融合学习,通过具体的任务,在实践中提升语文能力与素养。不同的年段,需要整合的学科数量逐渐增加,内容难度和能力要求也有所提升,这是体现明显的学段进阶。"跨学科学习"学习任务群教学,无论是任务的设定、情境的创设,还是所涉学科能力的培养,都需要教师灵活地整合教学资源。同时根据学科"跨度",适时地为学生提供学习资源。在资源统整之下,找准学科连接点,实现学科间的跨越与融合。学科连接点可以从学习的内容、思维的方法等多个角度来寻找。

如在"中华传统节日"跨学科学习中,要求学生关注中国传统节日,综合运用语文、信息科技、艺术等多学科知识,收集相关资料,并用不同方式展示学习的成果。学生在收集资料的过程中,需要利用在线平台和数字设备获取相关素材,并且利用"借助关键语句理解一段话的意思"的方法,读懂收集到的资料。学生在设计传统节日标志的过程中,欣赏中国民间美术作品、民俗文化图谱,感受作品的魅力,尝试运用形态、色彩、空间、明暗等知识设计标志。学生制作的宣传单上,既有图形化的节日标志,又有对传统节日习俗活动介绍的文字内容。文字内容需要学生运用一连串的动词将传统节日的美食或手工作品的制作过程按步骤写清楚,用文字再现自己想要宣传的节日民俗活动。在展示学习成果阶段,也会涉及多学科内容的整合。学生根据自己对传统节日的认识,运用不同的颜色,使用不同的工具、材料和媒介,采用写实、夸张等手法进行环境布置;通过创编小节奏旋律,或选择适合的音乐素材,营造节日的氛围,表达自己的情感。学生通过具体的学习情境,形成创新意识,提高语言表达能力、艺术实践能力和创造能力。

在实施跨学科学习的过程中,要尽可能融合多学科元素,拓展学习资源,增强跨学科学习的综合性和开放性。根据学习的内容和要求,积极与相关学科的教师展开多方合作,建构教学共同体,形成跨学科协同育人的机制。

（二）关注评价过程，提升综合能力

跨学科学习具有鲜明的过程性、探究性特征，需要教师比较系统地收集学生在参与整个实践活动中的真实表现，以此来作为最终评价的现实依据。整个活动周期内，教师的评价应以鼓励为主，充分肯定学生的发现与创造，进而引导学生自主思考，提升发现问题、解决问题的能力。评价证据方面，主要以学生在各个子任务中的表现，以及在活动过程中完成的内容等阶段性成果为依据，以评价量表为工具，考查学生综合运用多学科知识思考和解决问题的能力。

如"难忘小学生活"跨学科学习，学生会经历从收集、筛选资料到完成《毕业纪念册》的制作，从小组分工、自主创意到开展毕业联欢会的过程。整个过程中，教师要充分关注学生的学习过程。制作纪念册时，适时地指导学生通过小组合作，综合运用绘画、创作等方法开展活动；筹办毕业联欢会时，全班交流小组策划书，选出最优策划方案，再由全班修改、完善，形成班级策划书。在后续的筹备中，如果发现策划书有不合理的地方，组织学生再商议调整。

四、单元教学案例

学习年级：三年级

（一）单元构建

1. 学习主题和内容

本次语文学习的核心内容是"认识中华文化的丰厚博大，汲取民族文化智慧"，以"你好，中国节！"中华传统节日游园会为主题，以创建设计游园展位为驱动型任务，联结课堂内外、学校内外，拓宽语文学习和运用领域。学生通过收集、整理中华传统节日资料，以设计展位标志、制作展位宣传单、布置游园展位等形式，寻找中华传统文化的典型符号，感受中华传统文化的魅力，展示中华优秀传统文化，从而树立文化自信，增强民族认同感。

为了帮助学生更好地完成本次任务群的实践活动，我们确定了两个语文要素：

一是借助关键语句理解一段话的意思。这主要是从理解内容的角度提出的。本次跨学科学习活动中，学生在收集传统节日的资料后，运用这一方法，抓住资料中的关键语句，理解资料大意，了解中国传统节日的内涵。

二是用上一连串的动词，将制作过程按步骤写清楚。这一语文要素主要是从写作方面提出的。学生通过运用一连串的动词，将某个节日特色美食或手工作品的制作过程按步骤写清楚。我们结合四篇阅读文本，将这两个语文要素"无痕"地放置于跨学科学习任务中,凸显对语文阅读方法的关注,体现对清楚明白表达的重视。

2. 学习情境

《义务教育语文课程标准(2022年版)》强调:"义务教育语文课程实施从学生生活实际出发,创设丰富多样的学习情境,设计富有挑战性的学习任务,激发学生的好奇心、想象力、求知欲,促进学生自主、合作、探究学习。"通过联系学生生活,创设贴近学生且吸引学生的学习情境,使他们在短时间内与学习任务产生联结,拉近与学习任务的距离,从而产生高涨的学习情绪。围绕"认识中华文化的丰厚博大,汲取民族文化智慧",我们设计了如下学习情境:

> 下个月,我校将准备举行一场"你好,中国节!"的中华传统节日游园会,现招募游园会各个传统节日展位的项目设计团队。你可以和小伙伴们组成"游园展位项目"的设计任务团队。在完成的过程中,你们可以先确定某一个中华传统节日,结合其他学科的知识技能,多渠道收集中华传统节日资料,设计展位标志,制作展位宣传单,布置完成游园展位。最终,你们将作为"传统文化小使者",接待前来参加游园会的游客,宣传中华传统文化。让我们一起开始学习吧!

学生对于中华传统节日的一些风俗习惯并不陌生,比如春节贴春联、清明吃青团、中秋吃月饼等等。可以说,这样的学情是完成本次跨学科学习的基础。学生通过设计展位标志、制作展位宣传单、布置游园展位这三个任务,综合运用多学科知识,在发现问题、分析问题、解决问题的过程中提高语言文字运用能力。在具体的实践活动中,学生不仅仅提升了个人能力,又增强了团队协作的精神。这样的情境设计,既有理性的思考,又有丰富的感性认识,能让学生更清晰地体会弘扬中华传统文化的意义。

3. 学习任务

本任务群设计围绕举办"你好,中国节!"中华传统节日游园会这一核心任务组织了三个子任务,如下图:

图6-1 学习任务流程图

通过为期两周左右的任务群活动,学生尝试运用信息科技、艺术等相关知识和技能,培养学生收集资料、处理信息、人际交往等能力以及互助合作的团队精神。学生以小组合作的方式,思考中华传统节日的文化元素有哪些,完成展位标志的设计;思考如何开展节日习俗活动,完成展位宣传单的制作;思考如何通过展位的布置体现传统节日的内涵,完成游园展位的布置工作。整个任务群的活动,学生借助文本的学习资源与生活经验,在阅读与鉴赏、表达与交流、梳理与探究等语文活动中学习语文。

在学习任务群的视角下,我们以语文实践活动为主线,以学习任务为载体,整合目标、内容、情境、作业、评价等相关要素,立足学生核心素养的达成,整体设计了本次任务群活动的三项子任务。具体内容如下:

表 6 - 1　单元核心任务与子任务

单元核心任务	举办"你好,中国节!"游园会	
子任务1	设计展位标志,了解节日文化元素	① 学习课文《古诗三首》。 ◇ 知道春节、清明节和重阳节的文化习俗。 ◇ 了解中华传统节日的文化元素。 ② 设计展位标志。 ◇ 组建任务小组。 ◇ 确定某一个中华传统节日。 ◇ 结合信息技术学科,查找资料,进一步了解中华传统节日的文化元素。 ◇ 结合美术学科,设计展位标志。
子任务2	制作展位宣传单,展现节日习俗活动	① 学习课文《赵州桥》。 ◇ 学习借助关键语句理解一段话的意思。 ② 学习课文《一幅名扬中外的画》。 ◇ 继续学习借助关键语句理解一段话的意思。 ③ 学习课文《纸的发明》。 ◇ 用上一连串的动词,将造纸术的过程按步骤说清楚。 ④ 制作展位宣传单。 ◇ 用上一连串的动词,将传统节日美食或手工作品的制作过程按步骤写清楚。 ◇ 结合美术学科,根据模板完成宣传单的制作。
子任务3	布置游园展位,体现传统文化内涵	① 布置展位。 ◇ 结合艺术学科,完成游园展位的布置。 ◇ 思考:中华传统文化源远流长的原因是什么。

本次任务群的任务设计,旨在引导学生能有目的地收集资料,共同讨论,尝试运用语文及其他学科知识技能共同解决问题。围绕主任务,我们设计了三个子任务,分别贯穿于任务群活动的前、中、后期。在完成这三个子任务的过程中,教师要落实两个语文要素的教学,引导学生掌握问题探究的基本步骤和方法,学会提炼、表达、呈现学习成果,培养学生综合运用多学科知识解决实际问题的能力。同时引发学生深层次的思考,例如,中华传统节日的文化元素有哪些? 如何开展节日习俗活动? 如何通过布置展位体现中华传统节日的内涵? 这三个子任务不仅与主题和学习任务紧密结合,它们之间互相关联,有梯度、有层次。

4. 课文解读

统编版语文三下第三单元编排了四篇课文,分别是《古诗三首》《纸的发明》《赵州桥》《一幅名扬中外的画》。这四篇课文从不同侧面展现了中华传统优秀文化的魅力。

《古诗三首》一课由《元日》《清明》《九月九日忆山东兄弟》三首关于中华传统节日的古诗组成,分别描绘了春节、清明节和重阳节人们过节时的情景,表现了相关中华传统节日的民间风俗。《元日》的作者是宋代的王安石,这首诗主要描写了春节除旧迎新的景象,大致意思是:人们在一片爆竹声中送走了旧的一年,饮着醇美的屠苏酒,感受到了春天的气息。初升的太阳照耀着千家万户,家家门上的桃符都换成了新的。前两句紧扣题目,写出了春节人们放鞭炮、畅饮美酒,热闹欢乐的节日气氛。后两句紧接着上两句的欢乐气氛,用早上的太阳象征无限光明的未来,用"新桃换旧符"的习俗,表现出万象更新的景象。《清明》的作者是唐代诗人杜牧,这首诗歌主要描写了诗人在清明节,孤身行路时的感受和心情。大致的意思是:清明节这一天,细雨纷纷。赶路的人心里更加增添了一份愁苦,简直是失魂落魄。他向牧童询问附近哪儿有酒馆,牧童伸手指了指遥远的杏花深处的小村庄。前两句写出了清明时节的天气特征,以及路上那些上坟祭扫人的心情。后两句写同样"断魂"的诗人,想打听一下哪里有酒家。他向牧童问路,顺着牧童手指的方向,可以看见远处的林梢,有酒旗招展。《九月九日忆山东兄弟》的作者是唐代诗人王维,这首诗歌主要描写了诗人在重阳节那天,独自一人在外,非常思念家乡亲人的情感。大致意思是:诗人独自远离家乡,无法与家人团聚,每逢重阳佳节就倍加思念远方的亲人。远远想到兄弟们身佩茱萸登上高处,也会因为少"我"一个而生遗憾之情。

《赵州桥》这篇课文不但写明了赵州桥的位置、设计者、建造年代,更重要的是，把赵州桥的特点清楚地展现在人们眼前，对赵州桥的设计，这样设计的好处和其设计的美观加以具体介绍，赞扬了古代劳动人民的智慧和才干。全文结构清晰，可以分成三个部分，第1自然段为第一部分，概述了赵州桥的地理位置、设计者及建造年代等相关情况。第2、3自然段为第二部分，介绍了赵州桥坚固、美观的特点，是本文的重点部分。第4自然段为第三部分，总结了赵州桥的历史价值。

课文表述清晰准确，语言虽平实却充满情感。比如，作者用"没有""只有""横跨"写出了赵州桥的创新之一是在如此宽的河面上架设单拱桥，强调了桥的气势之壮，语句间充满了自豪；而"左右两边""各有两个"不仅准确地写出了小桥洞的数量和位置，还写出了赵州桥的设计之巧，寥寥数语，就把赵州桥独特的设计清晰地呈现出来。又如，用"既……又……"这个句式简明扼要地阐述了四个小桥洞在设计上的好处，从而揭示了赵州桥在世界桥梁史上占有重要地位的原因。"这座桥不但坚固，而且美观"这句话作为第3自然段的开头，承接了上文讲述的"坚固"，引出了下文要讲的"美观"。介绍桥栏上的雕刻时，运用了排比的句式，用上"相互缠绕""相互抵着""回首遥望"等词语把龙的各种姿态描写得栩栩如生，仿佛赵州桥就在我们眼前。

《一幅名扬中外的画》通过对画上人物、场景等细节的介绍，诠释了《清明上河图》能够名扬中外的原因。全文一共五个自然段，第1自然段对《清明上河图》作了简要的介绍：图画的年代、作者、画面内容、目前保存的情况。虽然第1自然段只有三句话，但所含信息量却很大。第2自然段讲述了画上的众多人物，三教九流无所不包。第3、4自然段是围绕"画上的街市可热闹了"这句话来写的。第3自然段先概述画中的人物各有各的神态，接着第4自然段具体描写了桥北头的情景，突出了画作的"传神"。第2至4自然段集中说明《清明上河图》具有极高的艺术价值，这是《清明上河图》能够名扬中外的根本原因。第5自然段点明《清明上河图》还具有历史价值。课文中的有些句子很重要，可以帮助学生来理解一段话的意思，如第3自然段的开头"画上的街市可热闹了"就表达了这段话的主要意思，后面的内容都是围绕开头这句话来写的。借助这样的关键语句，就可以帮助我们理解一段话的意思。

《纸的发明》叙述了没有纸之前，人们用文字记录事件的不便，以及纸的发明过程，说明中国造纸术极大地促进了人类社会的进步和文明发展，是中国对世界文明的伟大贡献之一。课文开门见山，第1自然段直接点明造纸术的发明是中国对世界文明的伟大贡献。第2自然段简述了几千年前由于没有纸，人们用文字记录事件的不便。第 3、4 自然段介绍了纸的发明经过,从西汉时期的用麻来造纸,到东汉时期蔡伦改进造纸术,用树皮、麻头、稻草、破布等原料来造纸,极大地降低了纸的价格,满足了多数人的需要。第 5 自然段介绍了造纸术的传播路径,说明其具有世界性的影响,回应了开头。课文第 4 自然段在叙述蔡伦改进造纸术时,用上了一连串的动词,将造纸过程写清楚。

(二) 单元教学目标

本任务群的学习设计突出语文学科的主体地位,以培育学生的核心素养为主要目标,整合其他学科的学习资源,合作开发跨学科学习内容,实现全方位育人。结合本单元的学习内容和任务群的任务设计,我们确定单元教学目标如下:

(1) 认识 34 个生字,读准 7 个多音字,会写 43 个字,会写 33 个词语。

(2) 能背诵、默写指定的古诗。

(3) 能借助关键语句理解一段话的意思。

(4) 能用一连串的动词,将制作过程按步骤写清楚。

(5) 根据节日特征布置展位,展示跨学科学习成果。

(6) 能对其他小组的展示活动作出评价,提出改进建议。

(三) 教学实施规划

1. 单元教学实施规划

学习任务群的实施要从学生生活实际出发,符合学生的心理需求,创设学习任务的情境,激发学生的学习动力,使其产生主动学习、探究的意愿。其中,情境创设和成果展示应在语文课内时间进行,以便教师对成果展示进行细节指导;而查找、整理资料、参观采访、展位环境布置环节可利用课余时间进行。但整个学习任务群的时间活动不应有太长时间的脱节。结合文本学习的内容和课时的划分,本单元任务群教学实施计划如下:

表 6-2　单元教学实施规划表

任务	学习要点	内容	课时
设计展位标志,了解节日文化元素	① 认识 7 个字,会写 13 个字。 ② 有感情地朗读课文。背诵课文。默写《清明》。 ③ 知道传统节日的文化元素。 ④ 组建团队,确定研究的节日,设计展位标志。	《古诗三首》	2

续表

任务	学习要点	内容	课时
制作展位宣传单,展现节日习俗活动	① 认识 27 个生字,读准 7 个多音字,会写 30 个字,会写 33 个词语。 ② 能正确、流利地朗读课文。 ③ 借助关键语句,理解一段话的意思。 ④ 用一连串的动词,将传统美食或手工作品的制作过程按步骤写清楚。 ⑤ 根据模板,制作展位宣传单。	《赵州桥》	2
		《一幅名扬中外的画》	1
		《纸的发明》	3
布置游园展位,体现传统文化内涵	① 结合艺术学科,布置游园展位。 ② 开展游园活动,完成活动评价。		2

2. 课时教学计划

"你好,中国节!"跨学科学习任务群的学习任务,计划用 10 课时完成教学,具体安排如下:

表6-3 课时教学计划

课时	教 学 要 点
第 1 课时	1. 教学《古诗三首》,指导认识 7 个生字,会写 13 个字。 2. 指导用多种方法理解诗句,知道古诗描写的节日情景。 3. 指导多种途径获取资料,了解中华传统节日的习俗和元素。
第 2 课时	1. 继续教学《古诗三首》,指导有感情地朗读、背诵课文,知道人们是如何过节的以及过节的习俗。 2. 指导组建团队,收集资料,完成《中华传统节日资料收集表》。 3. 组织讨论交流,指导设计展位标志。
第 3 课时	1. 教学《赵州桥》,指导认识 10 个生字,会写 16 个字,会写 15 个词语。 2. 指导借助关键语句理解一段话的意思,体会赵州桥的雄伟。 3. 指导各小组分享设计的展位标志。
第 4 课时	1. 继续教学《赵州桥》,借助关键语句理解一段话的意思,体会赵州桥的美观。 2. 组织交流收集到的传统节日资料,巩固"借助关键语句理解一段话的意思"的阅读方法。
第 5 课时	1. 教学《一幅名扬中外的画》,指导认识 8 个生字,读准多音字"乘、笼"。 2. 指导借助关键语句说说第 2、3 自然段的意思。
第 6 课时	1. 教学《纸的发明》,指导认识 9 个生字,会写 14 个字,会写 18 个词语。 2. 指导理解每个自然段的意思,提取关键信息,说清楚纸的发明过程。

课时	教 学 要 点
第7课时	1. 继续教学《纸的发明》，指导运用一连串的动词，按步骤说清楚蔡伦改进的造纸术。 2. 组织交流了解到的民俗活动，感受传统节日文化。
第8课时	1. 指导运用一连串的动词，将传统节日美食或手工作品的制作过程按步骤写清楚。 2. 指导了解宣传单的组成，完成展位宣传单的制作。 3. 组织分享、交流展位宣传单。
第9课时	1. 组织讨论，交流反馈展位设计方案。 2. 指导修改完善设计方案，完成传统节日展位布置。
第10课时	1. 组织开展游园活动。 2. 指导学生根据评价表，完成任务活动评价。

（四）学习路径

在进行"跨学科学习"学习任务群的设计时，强调以课内带动课外，以课外促进课内，共同拓展学生的学习实践空间，提升阅读能力，在合作、自主、探究中真实学习，实现能力迁移。在解读阅读文本的基础上，根据目标设定，以语文实践活动为主线，以跨学科学习任务为载体，以思考"弘扬中华传统文化的意义"为核心问题，通过设计展位标志、制作展位宣传单、布置游园展位三个子任务，整合目标、内容、情境、活动评价等相关要素，立足指向学生核心素养的达成，整体设计了这一单元的学习路径。

首先，我们创设了以"你好，中国节！"为主题的中华传统节日游园会作为学习情境。这一学习情境以"中华传统节日"为切入口，关联学生的实际生活，让学生在熟悉的情境中开展跨学科学习。

其次，我们给学生打造了一个类似设计者的身份——传统文化小使者，结合美术、信息、音乐等学科，设计、布置和展示游园会的传统节日展位，引导学生以文化使者的角度去活动，感受中国传统节日的魅力，思考中华传统文化源远流长的原因。

基于《古诗三首》《赵州桥》《一幅名扬中外的画》《纸的发明》四篇阅读文本的特点，采取有针对性地教学与整合，运用迁移的阅读策略，学习"借助关键语句理解一段话的意思"的方法，读懂收集到的传统节日的资料，找出传统节日的元素。在介绍传统节日习俗活动时，学习课文是如何按步骤把过程写清楚的方法，用上一连串的动词,把节日美食或手工制作的过程按步骤写清楚,并完成节日展位宣传单的制作。最后,组织讨论展位设计与布置方案,运用"画一画传统节日""唱一唱节日童谣""做一做节日美食""玩一玩节日游戏"或"演一演节日故事"等形式,展示跨学科学习成果。同时参照评价量表,对跨学科学习成果和过程进行评价。

基于以上思考,我们将核心问题与问题链设计如下:

核心问题设计为:中华传统节日的文化源远流长的原因是什么?

为了解决这个核心问题,设计问题链如下:

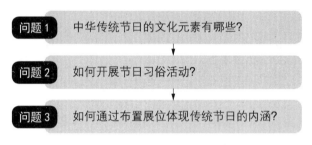

图6-2 问题链

(五) 具体实施方案

1. 各项任务与问题链的设计

本次跨学科学习重在引导学生感受中华传统文化的魅力。教学中,围绕学习主题,需要把单元核心任务分解细化成若干具体的学习子任务,确定具有内在逻辑关联的语文实践活动,达成核心任务。本次跨学科学习的"任务"与"问题链"设计如下:

表6-4 学习任务与问题链

任务	问题链
核心任务: 策划游园会,设计一个体现节日文化的传统节日展位	**核心问题:** 中华传统节日的文化源远流长的原因是什么?
任务一: 设计展位标志,了解节日文化元素	**问题1:** 中华传统节日的文化元素有哪些?
任务二: 制作展位宣传单,展现节日习俗活动	**问题2:** 如何开展节日习俗活动?
任务三: 布置游园展位,体现传统文化内涵	**问题3:** 如何通过布置展位体现传统节日的内涵?

2. 各项任务实施阐述

任务一：设计展位标志，了解节日文化元素

（1）任务要点

组织学习《古诗三首》，知道人们是如何过节的以及有哪些过节的习俗。浏览传统节日的文章，寻找传统节日元素。设计节日展位标志，用图形的方式，表达自己对传统节日的认识和感受。

① 明确任务要点，把握阅读策略。

教学《古诗三首》，认识 7 个生字，会写 13 个字。运用看注释和插图、查字典等多种方式理解诗句，知道古诗描写的节日情景。为了帮助学生进一步了解古诗里的中华传统节日以及节日的习俗，教学时可以进行拓展资料的补充。如教学到"屠苏""新桃"和"旧符"时，教师出示这样一份拓展资料：

按照古代的习俗，正月初一清晨人们会把旧的桃符取下来，换上新的桃符挂在门上，用来辟邪和祈求平安；全家还要喝屠苏酒，有的地方还会用红布把渣滓包起来，挂在门框上，希望能驱邪和躲避瘟疫。

又如教学"遍插茱萸少一人"时，引发学生展开想象：家乡的亲人们都佩戴着茱萸登高，唯独在"异乡"为"异客"的诗人独自一人望着远方思念家乡。引导学生联系生活实际，思考"如果你是诗人，你此时的心情如何"，帮助学生进一步体会诗歌表达的情感。有了这样的理解，再有感情地朗读与背诵古诗，也就水到渠成了。

《古诗三首》中的三首古诗都是有关传统节日的，课堂上，教师重点指导《元日》的学习，使学生掌握借助注释和插图理解古诗的方法。进而通过学法的迁移，由扶到放，帮助学生初步了解春节、清明节和重阳节的文化习俗，同时激发他们了解更多中华传统节日的学习兴趣。

② 培养合作意识，有序开展活动。

本次跨学科学习是以小组合作学习的形式开展的。活动中，学生需要自由组成小组，确定研究的传统节日，分工合作，寻找中华传统节日的节日元素。学习了《古诗三首》，学生已经对传统节日有了初步的了解。接着，教师就要引导他们在生活大课堂中，进一步体验中华优秀文化的丰富多彩。通过创设的学习情境，学生了解到，此次"你好，中国节"中华

传统节日游园会的节日展位,需要由数人组成的项目设计团队共同完成。

在开展小组合作学习时,教师可以参与小组活动中。教师可以指导学生如何选择活动伙伴,组成活动小组,培养合作意识;指导组长如何带领组员学习。在实践活动中,培养学生正确的合作意识和语言沟通能力,使学生能在各自的小组中,进行有效的交流沟通。对制定计划有困难的小组,教师可以给予更多的帮助和指导,帮助他们制定出切实可行的活动计划,以便任务的顺利开展。此外,《中华传统节日资料收集表》的填写,有助于合作小组更好地规划活动,实现分工明确。

③ 整合学科资源,拓宽设计思路。

任务一的跨学科实践环节是设计展位标志。各小组利用信息科技学科所学的知识,通过在线平台和数字设备,浏览有关传统节日的文章,收集、整理相关资料。组织学生围绕"谁找到的节日元素更符合节日特色"展开交流与讨论。根据讨论结果,结合艺术学科,运用传统或现代的工具,创作一个以平面表现形式且含有节日元素的展位标志。

教学时,教师给学生欣赏传统节日中的中国民间美术作品,如剪纸、花灯、年画……观看传统节日中的民俗活动视频,如逛庙会、划龙舟、祭祖、舞龙舞狮……通过开展图形与节日匹配的对对碰游戏,学生将传统节日和有关节日元素的特殊标志联系起来,比如元宵节和兔子灯、中秋节和圆月、端午节和龙舟等。接着,学生以教师提供的中华传统节日元素的简笔画为参考,开始自由创作,完成展位标志的设计。

元宵节——兔子灯　　　　端午节——粽子　　　　中秋节——月饼

图6-3　传统节日元素简笔画(绘画:王颖　上海市静安区闸北实验小学明德校)

(2) 操作流程

根据上述的三个要点,学生在完成任务一时,具体操作流程如下:

学习课文	了解中华传统节日以及节日的习俗。
资料收集	完成中华传统节日资料收集表。
创意表达	小组讨论，准备并设计一个展位标志。

图6-4　任务一操作流程图

根据教材《古诗三首》的学习内容,学生完成以下跨学科学习任务:

① 学习课文——了解中华传统节日以及节日的习俗。

古诗学习中,学生借助拼音读准字音;借助注释、字典或插图理解诗句的意思;开展多种形式的朗读,加深对古诗的理解,加深对诗中情感的体悟,激发朗读的兴趣。针对诗句中难理解的词语,教师适当补充课外的阅读资料,帮助学生进一步了解中华传统节日文化。

② 资料收集——完成中华传统节日资料收集表。

学生自由组成小组,确定研究的传统节日。利用信息科技学科的所学知识,通过在线平台和数字设备,浏览有关传统节日的文章。查找、收集、整理中华传统节日的资料,填写中华传统节日资料收集表。

③ 创意表达——为展位设计一个标志。

学生围绕"谁找到的节日元素更符合节日特色",展开交流与讨论。根据讨论结果,结合艺术学科所学的知识与技能,运用传统或现代的工具,创作一个平面表现形式且含有节日元素的展位标志。

（3）**教学片段**

《古诗三首》教学片段:指导学生设计展位标志。

1. 组织交流资料,寻找节日元素。

● 组织交流节日习俗。

谈话引入。

师:同学们,通过前一阶段的资料收集,相信大家对传统节日有了一定的了解。你找到了哪些传统节日习俗?

▲预设1：中秋节，人们都会吃月饼、赏月亮。

▲预设2：每年端午节，奶奶总会包粽子给我们吃。

▲预设3：元宵节，我会和小伙伴们在小区广场拉兔子灯、猜灯谜。

师：你还想了解更多的传统节日习俗吗？

观看视频，欣赏剪纸、花灯、年画等中国民间美术作品，发现节日民俗活动，如逛庙会、划龙舟、祭祖、舞龙舞狮……

● 组织寻找节日元素。

组织开展游戏：图形节日对对碰。

师：让我们一起来玩一个"对对碰"游戏，将左侧的图形和右侧的节日匹配起来。

教师小结。

师：每一个传统节日都有独特的民俗活动。看到孩子拉兔子灯，我们会想到元宵节；看到人们吃粽子，就会想到端午节；看到大人买月饼，就会想到中秋节。"兔子灯""粽子""月饼"已经成为了某一传统节日的符号。

> **说明：**学习《古诗三首》，通过小组合作查找节日风俗习惯的资料，学生对于传统节日的元素已有了初步的了解。课堂上，通过观看视频，了解更多的节日元素。通过"对对碰"的游戏，学生对于节日元素有了更深刻的印象，为后续设计展位标志打下基础。

2. 指导设计展位标志。

● 组织小组交流讨论。

组织小组讨论。

师：对对碰的游戏难不倒大家，现在任务难度加大了，如果要用这些节日元素来设计一个展位标志，该怎么做呢？请同学们以任务小组的形式，先讨论讨论。

组织交流反馈。

▲预设1：我们组确定的节日是中秋节，我们想画一个大月饼，在月饼中间写上我们的展位名字。

▲预设2：我们组研究的节日是元宵节，我们想设计一个兔子灯样式的标志，这样大家一看到这个标志，就知道我们的展位是和元宵节有关的。

● 指导设计展位标志。

出示节日元素图片。

师：美术老师为我们提供了一组简笔画，帮助大家进行创作。让我们来看一组图片。（出示兔子灯、粽子、月饼的简笔画）

组织小组合作，设计展位标志。

布置任务。

师：请各任务小组分工合作，完成展位标志的设计，并填写传统节日资料收集单。

（4）任务推荐表

图6-5　传统节日资料收集单

任务二：制作展位宣传单，展现节日习俗活动

（1）任务要点

学习《赵州桥》《一幅名扬中外的画》，学会借助关键语句理解一段话的意思；学习《纸的发明》，学会运用一系列动词，将传统节日美食或手工作品的制作过程写清楚，并根据模板制作一份展位宣传单。

① 明确任务要点，把握阅读策略。

教学《赵州桥》时，指导学生在正确、流利地朗读课文的基础上，借助关键语句,理解一段话的意思。这个语文要素的落实,是本课教学的重点内容之一。如第3自然段的教学,可以先引导学生说一说从第三自然段哪些地方可以看出赵州桥的美观,找出相关的语句。接着,借助所找到的关键语句来说一说这段话的意思。然后通过想象画面和动作演示的方式理解"缠绕""抵着""遥望""戏珠",从而感受栏板雕刻得惟妙惟肖。在理解的基础上,通过朗读进一步加深对文本内容的理解,进而更直观地感受课文是如何把桥的美观写清楚的。

本次跨学科学习中,《一幅名扬中外的画》是一篇略读课文。它的教学价值是粗知大意和迁移方法,重在指导学生对"借助关键语句理解一段话的意思"这个阅读方法的运用。教学时,首先教师可指导学生理清课文的结构,了解课文的主要内容。学生在静心默读课文时,思考课文分别介绍了《清明上河图》这幅画的哪些内容。学生一边读课文,一边看课文的插图,随着课文的描述展开合理想象,感受《清明上河图》的生动精致。接着,教师引导学生找一找每一自然段的关键语句,借助关键语句,说说这段话的主要意思,进一步巩固"借助关键语句理解一段话的意思"这一阅读策略。

教学《纸的发明》时,教师可以借助提示,让学生默读思考,提取课文中的关键信息,弄清楚课文叙述脉络。通过理解"贡献""改进""传承"等词语,帮助学生理解造纸术这一发明的价值与意义,促使学生深入感受中华文化的魅力。在教学"蔡伦改进造纸术"这一片段时,在读正确的基础上,首先引导学生关注片段中的一连串动词,再观看造纸术的视频介绍,了解造纸术的过程。然后,尝试运用一连串动词,把蔡伦改进的造纸术介绍清楚。层层递进的教学方式,为学生运用一连串的动词将某一节日的传统美食或手工作品制作过程写清楚做了铺垫。

完成这一阶段的活动任务时,着重启发学生思考如何将传统节日中的特色的美食、传统手工作品的制作过程,或者传统的习俗活动按步骤介绍清楚,传递出中国传统节日文化的魅力。学生通过梳理和整合资料,展开语言实践,组内开展交流讨论,根据模板完成宣传单的制作。

②增强合作意识,深入开展活动。

各小组在完成了展位标志的设计之后,教师需要提醒小组成员对

前一阶段的任务做一个小结,并为成果展示交流做准备。各小组继续
通过交流讨论的方式,进一步增强合作的意识。对于有困难的小组,教
师依旧要予以具体的指导。比如:怎么把收集到的资料进行分类;用
什么方式呈现活动成果;需要提前准备哪些工具、材料,如卡纸、图
表等。

通过第一阶段的磨合,学生对于小组合作的模式和成员各自的优
势,都已经比较熟悉了。在进行第二阶段的跨学科学习时,教师要进一
步激发学生的好奇心、求知欲,在学习中养成积极思考的习惯。教师要
引导各小组发挥组员的特长,互相取长补短。如在实践过程中遇到问
题,学生可以及时展开交流与讨论,或向教师寻求帮助等。

③ 联结学科资源,宣传节日特色。

设计语文学科的跨学科学习任务群时,需要联结不同的学科要素,
对各个任务进行层层递进的设计。发挥各个学科的特色优势,进而综合
化地运用到问题解决的过程中,形成相应的任务活动成果。在这一阶段
的实践活动中,学生继续通过小组分工合作的方式,根据任务活动需求,
利用信息科技获取、加工、整合学习资源,开展自主学习和合作探究。学
生利用互联网、图书馆等资源查阅并筛选资料,开展信息交流活动,组员
间共享信息和资源。同时结合美术学科,探究各种问题,在实际任务活
动中发挥审美与创造能力,形成初步感受美、发现美和创造美的能力。
学生最终根据模板制作一份主题鲜明的展位宣传单,进一步宣传中华传
统节日的文化特色。

(2) 操作流程

根据上述的三个要点,学生在完成任务二时,具体操作流程如下:

学习课文	介绍一个传统美食或手工作品的制作过程。
资料收集	根据模板制定游园宣传单。
创意表达	确定展示成果的方式。

图 6-6　任务二操作流程图

① 制作展位宣传单。

学习《赵州桥》《一幅名扬中外的画》《纸的发明》,通过小组讨论,结合信息科技与艺术学科所学的知识技能,就确定的传统节日,挑选最有特色的内容,根据模板制定一份展位宣传单。

② 确定展示成果的方式。

根据制定的展位宣传单,选取有特色的传统习俗,确定成果展示的方式,思考需要提前准备哪些工具、材料,如卡纸、图表等。

(3) 教学片段

《赵州桥》教学片段:指导学生"借助关键语句理解一段话"的意思。

组织学习第 3 自然段,体会赵州桥的"美观"。

1. 指导寻找关键语句。

● 出示学习任务单。

师:赵州桥除了雄伟坚固这个特点以外,还有什么特点呢?

出示学习任务单:

① 读一读:读一读第 3 自然段,读准字音,读通句子。

② 数一数:数一数第 3 自然段一共几句话。

③ 想一想:想一想每句话写了什么。

● 指导学生交流,随机点评。

● 小结。

师:第 3 自然段一共有三句话,第二和第三句都是围绕"美观"来展开描写。所以第一句是这一段的关键语句。

2. 引导体会"美观"。

● 指导交流描写龙动作的词语。

师:作者是怎样将"美观"写清楚的呢?请默读第 3 自然段,圈出描写栏板上龙动作的词语。(指名交流)

▲预设:缠绕、抵着、回首遥望。

● 出示图片,体会赵州桥的"美观"。

师:让我们来看一组赵州桥桥面两侧石栏的图片,说说你的感受。

▲预设1:栏板上的图案经过风吹雨打,看上去还是很精美。

▲预设2:栏板上的图案栩栩如生,这些龙看上去就像活了一样。

师：这么多不同的姿态，这么多精美的图案，作者是怎么写清楚的呢？

▲预设1：作者抓住了龙的不同姿态，把图案的精美写清楚了。

▲预设2：作者用了"有的……有的……还有的……"的句式，介绍了桥面石栏上精美的图案，把各种姿态的龙写得活灵活现。

师：栏板上的龙真的会游动吗？

▲预设："似乎都在游动"是作者的想象。因为雕刻得太逼真了，活灵活现，给人一种游动的感觉。

● 指导有感情地朗读。

师：就是这样精湛的雕刻，让赵州桥变成了一件艺术品，让我们有感情地朗读第3自然段。

● 小结。

师：作者通过对桥面栏板上龙的图案的细致描写，将赵州桥的"美观"写清楚了。

> 说明：本单元的语文要素之一是"借助关键语句理解一段话的意思"。学生在熟读课文的基础上，先数一数第3段有几句话，再想一想每句话写了什么。教师引导学生发现关键句子的位置在句首。然后，通过对第二句排比句的教学，抓住栏板上描写龙的动词，进一步体会作者是怎样将"美观"写清楚的。如此层层推进，将单元教学的重点有效落实。

················ ■ JIAOXUEPIANDUAN ■ ················

《纸的发明》教学片段：指导学生"用一连串的动词，将传统节日美食或手工作品的制作过程按步骤写清楚"。

1. 指导学生学习第4自然段，知道蔡伦改进造纸术的过程。

● 出示第4自然段，找到关键语句。

师：关于纸，东汉时代又发生了哪些变化？

出示学习任务单：

读一读：读准字音，读通句子。

找一找：这段话是围绕哪一句话写的？用直线画出。

组织交流反馈。

读句子。

交流：这段话是围绕哪一句话写的？

学习多音字：累。（视频演示"累"字的演变过程）

比较"改进""创造"和"发明"。

● 指导学生了解蔡伦改进造纸术的过程。

指导学生圈出表示先后顺序的词。

指导学生画出蔡伦每一步的动作。

师：在造纸的过程中，蔡伦每一步做了什么？请大家画一画。（剪碎、切断、捣烂成浆、捞出晒干）

指导学生交流为什么这种造纸方法被传承了下来。

▲预设：因为用这种方法造的纸，原料容易得到，可以大量制造，价格又便宜，能满足多数人的需要。

指导学生简述蔡伦改进造纸术的过程及被传承的原因。

教师小结：当我们在介绍一个活动过程的时候，首先要按照一定的顺序展开介绍。其次在介绍每一步的过程时，可以用上一系列的动词把活动介绍清楚。最后最好能说说活动的价值或意义。

2. 指导制作展位宣传单。

引导用一系列动词，将传统节日美食或手工作品的制作过程说清楚。

● 组织交流分享，确定介绍的传统节日习俗活动

师：通过查找资料，我们初步了解了传统节日美食或手工作品的制作过程。请拿出资料，说说哪个美食或者手工作品给你留下了深刻的印象。

▲预设1：我对端午节的粽子最感兴趣。粽子不仅好吃，外形也很有特点，据说这个习俗是为了纪念屈原而流传下来的。去年端午节，奶奶还教过我包粽子呢，非常有趣。

▲预设2：今年的元宵节，我和小伙伴们在小区里拉兔子灯，猜灯谜，可热闹了！这个兔子灯是妈妈从网上买了制作材料，我根据说明书自己拼搭而成的。

● 组织创意表达。

师：无论是元宵节的汤圆、端午节的粽子，还是中秋节的月饼，这些节日美食给我们留下了美好的回忆。还有很多小朋友学着包粽子，扎兔子灯，让节日更有意义。现在

你能学着课文的表达方式，运用一系列的动词，将一种节日美食或者手工作品的制作过程说清楚吗？

轻声准备。

交流反馈。

▲预设1：去年的端午节，外婆教我包粽子。首先，我学着外婆的样子，将两张箬叶弯成一个圆锥状，然后舀入两勺糯米，接着放入一块五花肉，再舀两勺糯米把肉盖住。最后，我用棉绳将箬叶捆扎起来，一个粽子就包好啦！

▲预设2：每年清明节小长假，爸爸妈妈都会带我到公园放风筝。今年的风筝是我自己做的。首先，我拿出准备好的材料包和工具，在爸爸的指导下，我照着说明书，将细细的竹条拼接在一起，一边拼接，一边用棉线固定。花了半个多小时，一个"喜鹊"形状的风筝就拼好了。然后，我拿起画纸，用胶水慢慢地给它穿上外衣，再用彩笔给它上色。妈妈告诉我，在民间习俗中，"鹊上枝头"寓意着喜事来临、吉祥如意。听了妈妈的介绍，我边画边在心中许下了愿望，希望这只"喜鹊"能带着我的心愿飞向蓝天。最后，我小心翼翼地将风筝线系在"喜鹊"的肚子上，一只漂亮的风筝就做好啦！

集体评价。

▲预设1：小＊同学能够用上一系列动词，将包粽子的过程大致说清楚。但是还漏了一个步骤，用糯米盖住肉之后，还得将箬叶折过去包裹住糯米，最后才是用棉绳捆扎起来。

▲预设2：小＊同学用上一系列动词，按照"搭竹骨架""画风筝面""绑风筝线"这三个步骤，把"喜鹊"风筝的制作过程说清楚了。在介绍画风筝面时，他还通过妈妈的话，告诉了我们风筝图案寄托了人们美好的祝愿。我特别想去他们的展位，看看这只"喜鹊"风筝。

● 总结。

师：是呀，无论是粽子，还是风筝，都是中国传统节日文化的一部分。这节课我们了解了造纸术的发明过程，知道了造纸术的优点和对世界的影响。我们还学着抓住一系列的动词，仿照着作者将造纸术的过程写清楚的方法，尝试着来介绍一种节日美食或者手工作品的制作过程。相信有了这样的介绍，一定会有更多的游客来参观你们的展位。请大家利用课余时间，根据模板完成展位宣传单的制作吧！

说明：观看蔡伦改进造纸术的视频后，学生被劳动人民的智慧所折服。文化是一个国家、一个民族的灵魂。学生了解了"纸的发明"全过程，就更能深知蔡伦改进的造纸术被传承下来的原因。作者之所以能把如此复杂的造纸术清楚地写出来，是抓住了一连串关键的动作。学生可以学习作者的表达，也尝试用一系列动词说清中华传统节日美食或手工作品（如：汤圆、粽子、香囊、兔子灯等）的制作过程，为进一步体会节日的文化内涵做铺垫。

（4）任务推荐表

图6-7 传统节日宣传单

任务三：布置游园展位，体现传统文化内涵

（1）任务要点

通过制作展位宣传单，学生用文字记录了中华传统节日民俗活动，进一步了解了中华传统节日的文化特征。到了活动成果展示的阶段，各小组可以选择合适的表现形式，根据游园的情境、节日的主题，进行游园展位的设计与布置。

① 发挥艺术特色，布置游园展位。

环境氛围布置：

运用美术学科的所学知识布置展位，将任务一完成的展位标志放在最明显的地方，凸显展位的节日文化特色。同时，根据自己对节日的认识，调和不同的颜色，使用不同的工具、材料和媒介，采用写实、夸张等手法进行表现。比如中秋节的展位，可以用卡纸制作一个月亮挂在展位最高处；元宵节的展位可以以红色系为主，用彩纸、旧布料装扮展位等。

展位中，学生可以加入音乐，这也是发挥想象力、释放艺术潜能的一次实践。现场可以准备蓝牙音箱，播放学生寻找到的关于这一节日的音乐素材；也可以准备相关打击乐器，通过音乐的播放和乐器的即兴伴奏来营造节日的氛围。

节日特征展示：

运用信息科技和艺术等相关知识和技能，用"画一画传统节日""唱一唱节日童谣""做一做节日美食""玩一玩节日游戏"或"演一演节日故事"等形式展示成果。活动现场需要根据不同的节日主题，事先准备好相关素材，如体验做月饼的，可以提前准备好食材和工具；体验放风筝的，可以在操场划分出指定的安全区域。学生以"传统文化小使者"的身份，在现场分发任务二完成的展位宣传单，介绍展位的特色项目。

② 互评特色展位，宣传特色文化。

在游园会结束后，参照评价量表，评一评哪一组的活动开展得最好。

（2）操作流程

布置展位　完成展位的布置。

活动呈现　展示活动的成果。

活动评价　评价活动的开展。

图 6－8　任务三操作流程图

① 完成展位的布置。

小组分工，运用艺术学科的知识技能，完成节日展位布置。

② 展示活动的成果。

运用信息科技和艺术学科等相关知识和技能，选择合适的表现形式，根据游园的情境、节日的主题，进行游园展位的设计与布置，用“画一画传统节日”“唱一唱节日童谣”“做一做节日美食”“玩一玩节日游戏”或“演一演节日故事”等形式，展示成果。

③ 评价活动的开展。

在游园会结束后，参照评价量表，评一评哪一组的活动开展得最好。

（3）教学片段

展示与评价教学片段

1. 组织分享学习成果。

● 带领各小组实地观摩。

师：同学们，经过两周的探索与实践，相信大家对于中华传统文化有了更深入的了解。各具特色的展位已经布置完毕，让我们一起去活动现场一饱眼福吧！

● 组织交流，取长补短。

交流：我最喜欢的展位布置。

讨论：我们的展位布置还可以进行哪些改进？

交流反馈。

●组织交流宣传方式。

师：明天我们就要开展游园活动啦，还记得自己的特殊身份吗？——传统文化小使者。作为展位的负责人，我们还要对前来参观游玩的同学进行宣传和指导呢！想一想，你们小组将如何宣传自己的展位特色呢？

▲预设1：我们组将一边播放春节童谣，一边教前来参观的同学写春联、剪福字、剪窗花，并且还要告诉他们一些有关春节的历史传说。

▲预设2：我们将在操场上开辟一片区域，指导前来参观的同学放风筝，并通过宣传单告诉他们为什么清明节有放风筝这个习俗。

2. 指导开展活动评价。

●出示评价内容。

师：每个任务小组都做好了充分的准备，来迎接明天的游园会。除了参观游园，我们还将在活动后完成最后一项任务——活动评价。这是评价的内容，请一位同学来读一读。

●明确评价要求。

师：评价时，可以想一想自己在这一次的任务中，是否积极参与了，是否和小组成员一起完成了所有任务，你们的展位是否受欢迎，有没有以"传统文化小使者"的身份向参观的同学宣传中华传统文化。

> 说明：三年级的孩子对于如何评价活动并不了解，所以在开展游园会之前，通过课堂的教学，让学生知道在游园会上具体该做些什么，怎样向别人宣传自己的展位特色，如告诉大家某一个节日的习俗活动等。让学生带着任务与思考参与到游园会中，能了解更多有关中华传统文化的知识。

（六）资源建设

推荐书籍：

1. 萧放著：《中国传统节日故事》，南方出版社。

2. 郑勤砚主编：《中华传统文化绘本——中华传统节日》，二十一世纪出版社。

（七）评价方案

活动的评价是教师对学生的任务完成程度与质量进行反馈与评判的重要标准。评价方案的制定不仅能够帮助学生直观地了解任务完成的效果，更是学生能力发展至关重要的一个环节。

在本次跨学科学习任务群的实施过程中，我们采用了形成性评价和总结性评价并举的评价方式。根据任务群的具体任务，设计了如下评价方案：

在本次跨学科学习任务群活动中，我们以"你好，中国节！"为主题，通过游园活动，做了一回"传统文化小使者"，宣传了中华优秀传统文化。你是否在完成本次任务群活动中，对中华传统节日的文化有了更深刻的了解和认同？是否心怀热情和责任，用心设计和参与了游园展位的布置？请反思你的实践过程，总结你的学习收获。对于你的学习成果，建议从以下几个方面进行评估。

表6-5　评价方案

"你好，中国节！"任务群活动评价表			
评估内容	评估指标	成果完成	小组合作
设计展位标志	了解中华传统节日文化元素，通过小组合作的方式，设计有特色的展位标志。	☆☆☆	☆☆☆
制作展位宣传单	组内分工明确，设计有特色的展位宣传单。	☆☆☆	☆☆☆
布置游园展位	小组合作，布置能够凸显节日特色的游园展位。	☆☆☆	☆☆☆
其他	＿＿＿＿＿＿＿＿＿＿＿＿ ＿＿＿＿＿＿＿＿＿＿＿＿	☆☆☆	☆☆☆

评价方案中，对学生的表现性评价贯穿整个学习过程始终，这样的设计有助于促进学生形成良好的合作意识。同时，对跨学科学习成果的评价，是针对每一个子任务的完成情况，可测可评可反思提升，同时也对应了学习内容、学科目标和创新能力等目标。

（八）学生成果展示

1. 任务一成果示例

图 6-9 传统节日资料收集单学生作品 1

图 6-10 传统节日资料收集单学生作品 2

2. 任务二成果展示

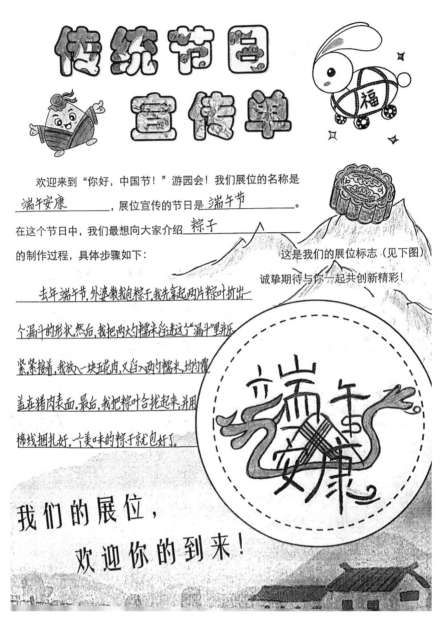

欢迎来到"你好，中国节！"游园会！我们展位的名称是

端午安康 ，展位宣传的节日是 端午节 。

在这个节日中，我们最想向大家介绍 粽子

的制作过程，具体步骤如下： 这是我们的展位标志（见下图）

诚挚期待与你一起共创新精彩！

去年端午节，外婆教我包粽子，我先拿起两片粽叶折出

一个漏斗的形状，然后，我把两大勺糯米舀进这个"漏斗"里压

紧。紧接着，我放一块猪肉，又舀入一勺糯米，均匀覆

盖在猪肉表面。最后，我把粽叶合拢起来，并用

棉线捆扎好。一个美味的粽子就包好了。

我们的展位，欢迎你的到来！

图6-11 传统节日宣传单学生作品1

欢迎来到"你好，中国节！"游园会！我们展位的名称是

<u>元宵庆团圆</u>，展位宣传的节日是<u>元宵节</u>。

在这个节日中，我们最想向大家介绍<u>元宵节兔子灯</u>

的制作过程，具体步骤如下：

这是我们的展位标志（见下图）

诚挚期待与你一起共创新精彩！

<u>首先，我将气球固定好，捆扎成兔子的形状。然后</u>

<u>拿出纸巾剪成的小方块粘贴在气球表面等到表面</u>

<u>完全干燥后，把气球戳破，并取出，留下空心的</u>

<u>兔子造型。最后，给兔子贴上五官，系上围巾，</u>

<u>放入一盏灯，一只栩栩如生的小兔子灯就做好了。</u>

图6-12 传统节日宣传单学生作品2

后 记

　　2022年,对于中国的基础教育来说,是非常重要的一年,《义务教育语文课程标准(2022年版)》发布了。如何正确解读新课标,成了摆在大家面前的新课题。在此驱动下,我申报了上海市静安区教师研修课程"构建小学中高年段语文学习任务群单元教学设计与实施研究"。我组建了核心研究团队,在学习了《义务教育语文课程标准(2022年版)》后,进行了六个学习任务群的单元教学设计研究。

　　我们借助统编语文教材中的课文,围绕一个主题和任务构建起一个学习单元,努力追求单元学习内容的结构化、学习过程的进阶性、学习形式的灵活性和学习结果的可测性。在单元设计中,我们尝试将项目化学习、跨学科学习实践模式与义务教育语文课程融合,创设情境,以典型的语文学科实践活动加深学生对语言文字运用规律的理解,从而提升语文的核心素养。

　　本次研究历时一年半,核心研究团队的成员们全身心投入,集思广益,携手共进,经历了研讨、撰稿、试教等工作。在听取了专家指导意见后又反复修改案例,最终形成了六个学习任务群单元设计,结集出版。本书各部分的具体分工如下:

学习任务群	撰稿人	
	单位	姓名
语言文字积累与梳理	上海市静安区中山北路小学	刘敏芬、顾景轶
实用性阅读与交流	上海市静安区教育学院附属学校	王婧、葛佳俐
文学阅读与创意表达	上海市静安区第一中心小学	胡艳、许青
思辨性阅读与表达	上海市静安区闸北实验小学	盛春、潘诗佳
整本书阅读	上海市大宁国际小学	沈正亭、刘进
跨学科学习	上海市静安区闸北实验小学明德校	苏瑾、朱丽君

在研究过程中,我们深受上海市教师教育学院薛峰老师和陈袨老师讲座的启发,明白了如何创设真实的情境、如何立足语文学科来开展跨学科学习。感谢上海师范大学郑桂华教授、上海市教师教育学院邹一斌老师给予我们专业性的意见和建议。感谢华东师范大学出版社编辑范耀华老师辛勤的工作。

我们水平有限,书中难免有讹误之处,恳请方家同仁批评指正。

华 芳

2023 年 11 月